변화를 일으키는

기독교교육방법론

이수인/저

나무미디어

Prologue

교육방법론이라고 하면 일반적으로 어떠한 교육 목표를 달성하기 위해 요구되는 모든 수단 및 방법과 관련된 이론적 체계를 가리키는 말이다. 그래서 일견 딱딱한 과목으로 인식하는 사람도 있으나 사실 방법론이란 우리 모두가 평소에도 늘 마음에 품고 생각하고 결정하는 것들이다. 예를 들어 우리가 서울에서 대전까지 가야 한다고 생각해 보자. 가장 먼저 머릿속에 떠오르는 것이 어떠한 것이겠는가? 그렇다. '어떻게 대전까지 가지?' 하는 것이다. 직접 차를 몰고 고속도로로 가는 방법도 있고, 고속버스를 이용할 수도 있다. 혹은 KTX 기차를 타고 가는 방법도 있고, 돈이 많이 들기는 하겠지만 대전까지 택시를 타고 갈 수도 있다. 이렇게 대전까지 가는 데에 여러 가지 방법이 있는데 자신이 정한 기준을 가지고 한 가지의 방법을 결정하게 되는 것이다. 시간을 중요하게 여기면 KTX를 탈 것이고, 대전에 가서 편하게 이동할 것을 중요하게 여기면 자신의 차량을 직접 몰고 갈 것이다. 비용 문제를 생각하면 고속버스를 탈 것이고, 다 신경 안 쓰고 편하게만 가겠다 생각하면 집 앞에서 택시를 잡아타고 대전까지 갈 수도 있을 것이다. 밥을 먹을 때도 마찬가지다. 우리는 역시 "어떻게"의 문제를 고민한다. 그래서 무엇을 먹느냐에 따라서 도구를 다른 것을 선택한다. 즉 한식을 먹을 때는 숟가락과 젓가락, 양식을 먹을 때는 포크와 나이프, 그리고 피자나 쌈을 먹을 때는 맨 손으로 먹는다.

이와 같이 사람들은 항상 이 "어떻게"의 문제를 생각하고 있고 목적에 따라 "어떻게"를 바꾸어 선택한다. 즉 우리의 삶 가운데 늘 이 방법의 문제를 선택하게 된다. 그래서 상황과 목적에 따라 가장 편하고 효율적이고, 그러면서도 효과적인 방법을 선택하려고 한다.

교육도 마찬가지이다. 우리는 항상 "어떻게 가르칠 것인가?"를 고민한다. 그래서 무엇을 가르치느냐? 혹은 "무엇이 교육의 목표인가?"에 따라 조금씩 방법을 다르게 한다. 예를 들어 빵을 만드는 것을 가르친다고 생각해 보자. 어떻게 가르치겠는가? 여러 가지 방법이 있는데 우선 시범과 실습을 통해 직접 빵을 만들게 하면서 가르치는 방법도 있다. 혹은 이론적으로 또 영양학적으로 접근하면서 가르칠 수도 있을 것이다. 혹은 빵 만드는 공장에 가서 참관하면서 빵이 만들어지는 것을 배울 수도 있고, 아니면 레시피만을 속성으로 간단하게 설명들을 수도 있다.

그럼 어떤 방법이 가장 좋은 방법인가? 이것은 교육의 목적에 따라서 조금씩 달라진다. 즉 예를 들어 백화점의 문화센터 같은 곳에서 취미 삼아 빵 만드는 것을 배우는 사람이 있다면 이들에게는 실습을 통해 직접 빵을 만들게 하면서 가르치는 방법이 가장 좋은 방법이다. 그러나 제빵사 자격증 이론 시험을 준비하는 사람들이 있다면 이들은 어떻게 가르치는 것이 좋은가? 이들에게는 강의식으로 이론적인 면을 속성으로 정리할 수 있도록 해주는 것이 좋다. 또한 원래 요리를 잘 하는 사람에게 가르칠 때는 간단히 레시피만을 설명해 주어도 금방 원리를 알고 쉽게 만들어 낼 수 있을 것이다.

즉 우리가 누군가를 가르칠 때는 항상 가르침의 목적에 따라 조금씩 방법을 다르게 선택하게 된다. 그렇기 때문에 가르치는 사람은 다양한 가르침의 방법들을 잘 알고, 교육의 목표에 따라 가장 적절한 교육의 방법을 선정해 자유롭게 사용할 수 있어야 한다. 그래야 보다 효과적인 교육이 일어날 수 있다.

이 책은 그 "어떻게"의 문제를 다루고 있는 책이다. 어떻게 하면 우리의 다음 세대들을 더 잘 가르칠 수 있을까 하는 깊은 고민의 결과물이며, 경험과 학식이 부족하지만 현장에서 맨 땅에 헤딩하며 얻어낸 작은 깨달음들이 정리된 책이다. 그래서 오늘도 힘겹게 교회교육의 현장에서 씨름하고 있는 목회자와 교사들, 혹은 기독교학교에서 가르치고 있는 일반 교사들과 종교 교사들, 그리고 그 외 어떤 형태로든 다음 세대에게 하나님의 말씀을 더 잘 가르치기 위해 애쓰고 있는 사람들이 필자와 같은 실수와 실패를 거듭하지 않기를 바라는 마음으로 정리하였다.

이 책은 크게 1부와 2부로 나눌 수 있는데 1부에서는 학생들에게 실제적인 변화를 일으킬 수 있는 가르침을 전하기 위한 가르침의 원리들을 담고 있으며, 2부에서는 그러한 가르침을 실현하기 위한 실제적인 방법들을 정리하였다. 그러나 꼭 책의 순서를 따를 필요는 없으며, 필요에 따라 먼저 읽어도 좋을 것이다.

또한 이 책을 쓰면서 신경을 썼던 것은 단순히 이론적인 면만 소개하는 것이 아니라 많은 예제와 이야기들을 통해 독자들에게 쉽게 전달함은 물론, 그들에게 방법론의 중요성을 역설하고 싶었다. 무엇보다 변화를 일으키는 가르침을 전하는 데 있어서 방법론적인 접근이 얼마나 많은 열매들을 거둘 수 있는지를 소개하고 싶었다.

이 책이 출판되기까지 도움을 주신 많은 분들에게 감사를 드리고 싶다. 무엇보다 최고의 신학교인 ACTS의 교수님들, 특별히 기독교교육상담학과의 이숙경 교수님, 전병철 교수님, 김준수 교수님, 안경승 교수님, 그리고 이대의 김정효 교수님들께서 부족한 필자를 기도와 격려로 지원해 주셨다. 또한 늘 영적인 아버지로서 기도해주시고 이끌어주시는 안양석수교회 김찬곤 목사님과 동역자들에게 갚을 수 없는 빚을 지고 있음을 고백한다. 그리고 옆에서 교정으로 응원으로 함께 해 준 경일이와 제욱이, 또 이 책을 출판해 주신 도서출판 나무미디어의 편집부 여러분들에게 고마움을 전한다. 또한 부족한 사람의 설교와 가르침을 인내로 견디며 항상 응원과 격려를 아끼지 않는 사랑하는 청년들과 귀한 학생들에게 사랑과 감사를 전한다.

그러나 무엇보다 늘 이해해주시는 사랑하는 부모님들과 아내와 두 아이들에게 감사를 드리고 부족한 저를 지금까지 인도해주시고 건강과 지혜를 주신 하나님께 감사와 영광을 드린다.

2015년 3월

이수인

차례

C·O·N·T·E·N·T·S

제 1 부

변화를 일으키는 가르침의 원리들

교회에서 가르치는 교사이든지, 학교에서 가르치는 교사이든지 이구동성으로 이야기하는 어려움이 한 가지 있다. 그것은 자신들이 가르치는 학생들이 잘 변하지 않는다는 것이다. 맨날 가르쳐 봐야 아무 소용없고, 변화가 일어나는 것이 문제가 아니라 가르친 내용을 기억조차 못하는 것 같다고 이야기한다. 그러면서 자신들의 사역이 의미 없는 것이 아닌가, 자신이 지금 잘못하고 있는 것이 아닌가, 고민하면서 사역을 그만둘 것까지 생각하기도 한다.

그런데 이들이 고민하는 고민은 정말 의미 있는 고민이다. 우리가 하나님의 말씀을 배우고 익히는 것은 단순히 그것을 통해 좋은 이야기를 듣고, 여러 정보를 얻고, 우리의 머리가 커지기 위함이 아니다. 우리가 하나님의 말씀을 듣고 배우는 이유는 그 말씀을 실제로 행함을 통해 그 말씀이 우리의 삶을 변화시켜 나가야 하는 것이다.

그저 성경을 공부만 하는 것이 얼마나 의미 없는 일인지 잘 보여주는 이야기를 하나 소개하겠다.

에스파냐의 그라나다(Granada)라는 왕자가 있었는데 이 왕자는 정치적인 이유 때문에 평생을 독방에 갇히게 된다. 사실 그 왕자도 왕위를 이어받을 후보자 중 한 사람이었기 때문에 혹시라도 왕위를 노릴까 두려워했던 것이다. 아무튼 그러한 이유로 이 그라나다 왕자는 약 33년의 시간동안 독방에서 사람도 거의 만나지 못하면서 갇혀 지냈다. 그런데 이 왕자를 가둔 사람들이 왕자에게 책을 한 권 넣어주었는데 그 책이 바로 성경책이었다.

그래서 이 왕자는 옥에 갇혀 있는 시간 동안 뭐 별 다른 할 일도 없다 보니 밤이고 낮이고 그 성경책을 읽으며 공부하기 시작했다. 그런데 나중에 그가 남긴 기록들을 보니 어떻게 보면 대단한 연구의 결과들이 있었다.

성경에는 '주님'이라는 말이 1,583번 나온다.
'여호와'라는 말은 6,855번 나오며, '지존자'(Reverend)라는 말은 단 한번 나오는데 시편 111편 9절에 있다.
성경 전체의 중간에 있는 구절은 시편 117편 8절이다.
성경에서 가장 긴 구절은 에스더 8장 9절이며, 가장 짧은 구절은 요한복음 11장 35절이다.
시편 107편을 보면, 네 구절이 같은 말씀으로 되어 있다. 8, 15, 21, 31절이다.
시편 136편은 각 구절이 같은 말로 끝난다.
성경에는 여섯 개 음절이 넘는 낱말이나 이름을 전혀 발견할 수 없다.
이사야 37장과 열왕기하 19장은 같다.
'소녀'라는 말은 성경에 단 한번 나온다(요엘 3장 3절).
구약 성경과 신약 성경에는 3,538,483개의 글자, 773,693개의 단어, 31,373개 구절, 1,189장, 그리고 66권의 책이 들어 있다.[1)]

이 이야기를 들으며 어떤 생각이 드는가? 정말 안타까운 생각이 들지 않는가? 성경을 그렇게 오래 연구했음에도 불구하고 하나님과 성경의 중심 메시지를 깨닫게 되고, 그 안에서 삶이 변화되는 경험을 한 것이 아니라, 그저 이러한 숫자 놀이에만 빠져 있었다니 정말 시간낭비도 이런 시간 낭비가 없는 것 같다. 그런데 우리가 성경을 지식적으로만 알거나, 성경을 알기는 하지만 우리 삶 가운데 변화가 일어나지 않는다면 우리도 이 그라

1) 덕 필즈(Doug Fields)와 더피 로빈스(Duffy Robbins)가 지은 "십대의 마음을 꿰뚫는 설교(Speaking to Teenagers)" p. 60.

나다 왕자와 다를 것이 없다.

필자는 신학교와 또 교회에서 성경에 대해서 종종 가르치는데 그 때마다 사람들에게 꼭 묻는 질문이 있다. 바로 이것이다. “성경이 목적인가? 수단인가?”

여러분들은 어떻게 생각하는가? 성경이 목적이라고 생각하는가? 수단이라고 생각하는가? 보통 이 질문을 사람들에게 하면 많은 사람들이 헷갈려 한다. 그런데 대체로 목적이라고 이야기하는 사람들이 많거나 적어도 반반 정도는 된다. 특히 단어 자체가 마음에 안 든다고 한다. 성경이 수단이라니...

그런데 엄밀히 따져보면 성경은 목적보다는 수단에 가까운 것 같다. 왜 그런가 설명하겠다. 사실 성경이 목적이라면 우리는 성경을 아는 것이 모든 궁극적인 목적이 되어야 한다. 그래서 우리들의 모든 신앙생활을 그저 성경을 알고 익히는 것에만 초점이 맞춰져야 한다. 그러나 하나님이 우리들에게 성경을 주신 목적은 성경을 목적으로 삼으라는 것은 아니었던 것 같다. 우선 디모데후서 3:16-17절을 함께 보자. “모든 성경은 하나님의 감동으로 된 것으로 교훈과 책망과 바르게 함과 의로 교육하기에 유익하니 이는 하나님의 사람으로 온전하게 하며 모든 선한 일을 행할 능력을 갖추게 하려 함이라” 우리가 너무나도 잘 알고 있는 성경구절이다.

이 본문을 잘 보자. 성경을 하나님께서 우리들에게 왜 주셨나? “이는” 이후에 잘 나와 있다. 즉 우리 모두가 하나님의 사람으로 온전하게 되고, 선한 일을 행할 능력을 갖추도록 하기 위하여 우리들에게 성경을 주신 것이다. 즉 하나님께서 우리에게 성경을 주신 이유는 성경을 배우고 익혀 우리 삶에 변화가 일어나 우리들이 온전해 지고, 우리처럼 부족한 자들이 하나님께서 계획하신 선한 일들을 이루며 살아가도록 하기 위해 주신 것이다. 그렇기에 성경은 목적보다는 수단에 가깝다.

그러므로 우리들은 성경을 배우고 익힐 때마다, 그리고 성경을 다음 세대들에게 가르칠 때마다 이 사실을 잊어서는 안 된다. 우리가 성경을 가르치는 것을 통해 단순히 지식만을 더하는 것이 아니라 우리의 삶은 물론, 우리의 다음 세대들의 삶 가운데 궁극적인 변화가 일어나기를 소망하고 기도해야 한다.

그렇다면 어떻게 해야 우리들, 그리고 우리들이 가르치는 다음 세대의 학생들의 삶 가운데 변화의 역사들이 일어날 수 있을까? Martin Bolt 와 David Myers가 쓴 "The Human Connection: How People change people"이라는 책을 보면 어떤 이야기나 설교가 청소년들의 삶을 어떻게 변화시킬 수 있는지, 그리고 무엇이 그들의 변화를 가로막는지 다음과 같은 그림으로 소개한다.

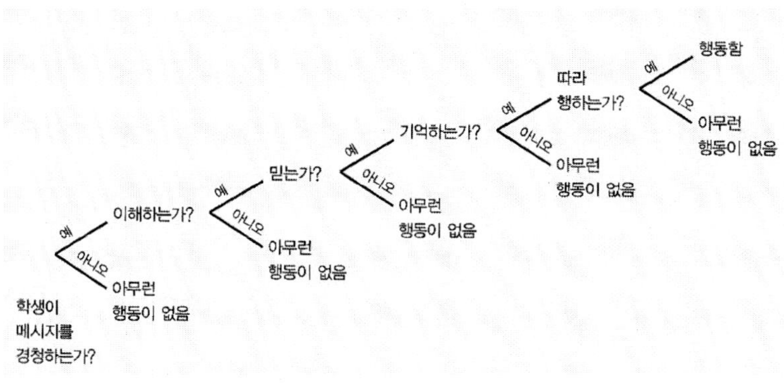

(위의 이미지는 덕 필즈(Doug Fields)와 더피 로빈스(Duffy Robbins)가 지은 "십대의 마음을 꿰뚫는 설교(Speaking to Teenagers)"라는 책에서 가져왔다.)

즉 다음 세대들의 삶에 실제적인 변화가 일어나려면 총 6가지 조건이 맞아야 한다. 학생들이 메시지를 경청하고, 경청한 메시지를 제대로 이해하며, 그 메시지를 믿고, 나중에도 그 메시지를 기억하고, 기억이 나는 그 메시지를 따라 행하겠다고 결심하고, 실제로 그 결심대로 반복적으로 행동하기 시작해야 학생들의 삶에 변화가 일어나는 것이다.

그렇다면 어떻게 이 모든 조건들을 하나씩 맞추어 갈 것인가? 바로 이 고민들을 1부에서 다루도록 하겠다. 변화를 일으키는 가르침의 원리들로서 총 6가지의 조건과 그에 따른 해법들을 함께 나누면서 우리가 가르치는 하나님의 말씀으로 인해 우리의 다음 세대들의 삶 가운데 실제적인 변화가 일어나기를 함께 꿈꾸게 되기를 간절히 소원한다.

제1장
경청

1. 조건: 학생이 메시지를 경청하는가?

다음 세대의 청소년들과 청년들의 삶에 변화를 일으키는 말씀을 전하기 위해서는 가장 먼저 그들이 말씀을 전하는 사람의 메시지를 경청해야 한다. 이 조건이 채워지지 않고 학생들의 삶에 변화가 일어나기를 기대하는 것은 마치 씨를 뿌리지 않은 밭에서 열매를 기대하는 것과 다를 바 없다.

그런데 많은 청소년과 청년 사역자들의 고민은 이들이 아무리 열심히 말씀을 전해도 이 노무 자식들(실제로 많은 사역자들이 이런 표현을 쓴다)은 도무지 들을 생각을 안 한다. 두 팔을 팔짱낀 채 꾸벅꾸벅 졸든가, 옆에 앉은 사람과 잡담을 하든가, 스마트폰을 꺼내서 게임이나 카톡을 하든가, 아니면 멍때리고 있다. 그리고 많은 경우 이들이 듣고 있는지 확신이 안 선다. 어른들처럼 아멘을 열심히 하는 것도 아니고, TV의 방청객처럼 호응을 보이지도 않는다. 끄덕끄덕이나 하면 다행일 것이다.

그렇다면 이들은 왜 이렇게 메시지를 경청하지 않는 것일까? 이유야 무궁무진할 것이다. 졸려서, 재미없어서, 설교자가 마음에 안 들어서(인격적으로 싫다는 경우도 있지만, 그냥 설교자의 옷이, 머리 스타일 등등이 마음에 안 들어서... 이렇게 이야기하는 이 노무 자식들도 있다), 스마트폰 때문에, 같은 대수롭지 않은 이유들도 있지만 심각한 영적인 이유도 있다. 설교자와 교사들의 기도가 부족해서, 학생들의 믿음이 부족해서 등과 같은 이유들이다.

그러나 필자는 이 문제에 대해 교육학 전공자로서 접근해 보려고 한다. 인지 심리학이나 커뮤니케이션 이론에 근거하여 설명해보려고 하는데 오히려 이러한 점이 본 책의 글들의 차별성이 되지 않을까 싶다. 즉 신학공부는 학부와 신대원이 전부이고, 설교학이 아닌 교육학을 전공한 사람으로 오히려 새로운 이야기를 할 수 있지 않을까 싶다.

그럼 잡담은 그만 하고 슬슬 시작해 보자. 이번 장의 주제는 학생들이 메시지를 경청하지 않는 이유이다. 즉 '왜 학생들이 교사나 설교자의 메시지를 경청하지 않는가?' '학생들이 교사나 설교자의 가르침을 들을 때 어떤 어려움들을 그들이 경험하는가?'를 이해해보려고 한다.

가장 먼저 학생들이 교사나 설교자의 메시지를 경청하지 않는 이유는 그들이 메시지를 경청하기 위해서는 에너지가 굉장히 많이 들기 때문이다.

경청하는 데에 에너지가 든다? 이건 또 무슨 이야기인가? 사실 교사들이 가르치거나 설교자들이 설교하는 가운데 청중의 머릿속에는 수많은 생각들이 스쳐가게 된다. 물론 앞에서 가르치는 자의 말을 듣고 있기는 하지만 그 와중에 청중들은 이후의 스케줄이나 다른 모임, 학교성적이나, 그 밖의 개인적인 사정 등등의 수많은 생각들을 하게 된다. 그러다가 잠깐 사이에 청중들은 설교자의 설교가 아닌 자신들의 생각들에 빠지기 쉬우며, 나중에는 듣는 것은 뒷전으로 하고 머릿속으로 계속 자신만의 생각을 발전(?)시켜 나가게 된다.

그런데 사람들은 이러한 잡념들을 과소평가하는 경향이 있다. 그냥 '내가 집중하겠다' 그렇게 생각하고 노력하면 잡념이 생기지 않겠거니 생각한다. 그래서 딴 생각을 하는 사람을 주의력이나 집중력이 낮은 것으로 생각하기 쉽다. 혹은 교회에서라면 믿음이 약한 것으로 여겨지기도 한다. 그러나 잡념은 사람이 살아있고 또 의식이 깨어있다면 항상 일어나게 되어 있고 그것을 완전하게 막을 수는 없다.

산타 바바라 캘리포니아 대학의 조나단 스쿨러 (Jonathan Schooler)에 따르면 사람들은 10퍼센트 정도의 시간을 잡념에 쓴다고 생각하지만 실제로는 그보다 많다고 한다. 보통 일상적인 활동을 할 때 30퍼센트 정도의 시간을 잡념에 쓰며, 어떤 경우 (예: 한산한 고속도로를 운전할 때) 에는 70퍼센트까지 올라간다고 한다.

필자도 가끔씩 장거리 운전을 하다보면 분명히 목적지에 도착했는데, 그 중간 과정이 하나도 기억이 안 날 때가 있다. 즉 그저 앞차의 브레이크 등만 쳐다보면서 멍하게 운전을 한 것이다. 이와 같이 사람은 하루 종일 꽤 많은 시간을 잡다한 생각들을 하면서 쓰게 된다.

왜 이렇게 인간은 잡념에 빠지고 딴 생각을 하게 되는 것일까? 이는 우리 인간의 두뇌의 메커니즘을 이해하게 되면 의문이 풀리게 된다. 보통 인간의 두뇌가 언어 정보를 처리하는 속도는 입으로 말하는 말의 속도보다 훨씬 빠르다. 영어로 말하는 서구인의 경우 보통 1분에 150단어 정도(WPM, Words per minute)를 말하게 된다. 그러나 두뇌가 처리하는 단어의 속도는 1분에 400~500단어나 된다. 즉 여기에서 속도의 gap이 생기게 되는 것이다.

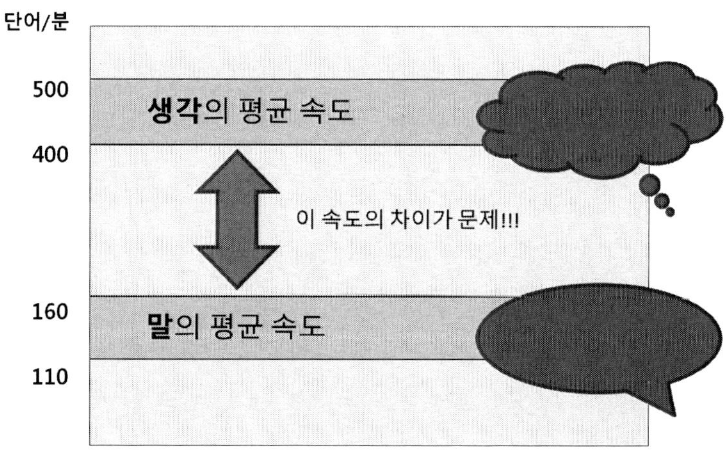

즉 하나님께서는 우리 머리를 꽤나 좋은 성능의 제품으로 창조하셨다. 그래서 두뇌는 다른 사람들이 말하는 이야기를 들으면서도 다른 생각들을 할 수 있는 여력이 충분이 있는 것이다. 우리도 그런 경험이 있지 않는가? 귀로는 다른 사람의 이야기를 들으면서 딴 생각하고 그랬던 적이 있지 않는가? 특히 그 이야기를 들으면서 자신이 무슨 이야기를 다음에 할 것인가를 생각하기도 한다. 그리고 그게 가능하다.

이와 같은 이유로 우리가 다른 사람의 이야기에 집중하고 그 이야기를 경청하기 위해서는 끊임없이 자신의 머리를 통제해 다른 생각이 떠오르지 않게 하고, 혹시라도 딴 생각이 났다면 계속해서 머리를 비우고 다시 말하는 사람의 이야기에 집중하는 일들을 해야 하는 것이다. 즉 경청을 하기 위해서는 머릿속에서는 굉장히 복잡한 일들이 일어나게 되고, 그 일들을 다 수행하기 위해서는 에너지가 굉장히 많이 든다. 그래서 우리가 다른 사람들의 이야기에 경청하는 일이 힘이 드는 것이다.

문제는 이 일이 우리가 설교를 하거나 가르치는 가운데, 듣는 사람들에게 똑같이 일어나게 된다는 것이다. 이러한 이유로 청중들이 설교자의 메시지에 집중하고 경청하는 일은 참 힘들고 에너지가 많이 든다. 그러니 당연히 요즘의 청소년과 청년들이 설교자의 메시지에 집중하고 경청하는 일은 아주 힘든 일이다. 절대로 이를 과소평가해서는 안 된다.

학생이 메시지를 경청하는가? 하나님께서 인간을 창조하실 때 너무 머리를 좋게 만드셨다. 그러므로 머리가 돌아가는 것에 비해 말은 너무나 느린 것이다. 충격적이지 않는가? (여기에 대한 해결책은 추후에 찾아볼 것이다) 그런데 더욱 충격적인 것은 학생들이 메시지에 경청하기 쉽지 않은 이유는 그것 하나만이 아니라는 사실이다.

학생들이 교사나 설교자의 메시지를 경청하지 않는 두 번째 이유는 그들이 메시지를 경청하는 법을 배우지 않았기 때문이다.

"!!!!!"

'이게 뭔 헛소리야?' 라고 생각하는 사람도 있을 것이다. '누가 메시지를 경청하는 법을 배우냐?' 이렇게 생각한다. 맞다. 그게 문제가 될 수 있다는 것이다.

보통 우리가 외국어를 배우면 네 가지 영역에 대해 배우고 훈련하게 된다. 즉 읽기, 쓰기, 듣기, 말하기의 네 가지 영역으로 나누어 언어를 배우고 익히게 된다. 한국식 영어 교육에서는 읽기에 많이 치중되어 있기는 하지만 어쨌든 이 네 가지 영역을 다 잘 할 수 있어야 외국어를 동달했나 뭐 이런 말을 들을 수 있다. 그런데 잘 생각해 보라. 영어를 배울 때 영어를 읽는 방법에 대해 배우나? 안 배우나? 배운다! 영어로 글쓰기(작문)는? 당연히 배운다. 듣기와 말하기는? 당연히 다 배우고 익힌다.

그런데 모국어를 놓고 생각해 보자. 우리가 읽기에 대해서 배우나? 배운다. 어렸을 때 어쩌다가 한글을 일찍 떼기라도 하면 괜히 집안에 쓸데없는 기대감을 주기도 한다. 또한 쓰는 법을 배우나? 배운다. 일기 쓰기, 독후감, 글짓기 등등의 글 쓰는 훈련을 통해서 쓰기를 배운다. 말하기는 어떤가? 읽기나 쓰기보다는 적게 배우기는 하지만 말하기도 종종 배운다. 예전에 필자가 어렸을 때는 웅변학원이 굉장한 유행이었다. 학교에서도 웅변대회가 늘 있었고 "이 연사 힘차게 힘차게 외칩니다~~~!!!"로 마치는 웅변을 실제로 듣기도 했다. 요즘 또 이 말하기 능력의 중요성이 강조되어 프레젠테이션이나 화술에 대해 배우는 사람도 많아졌다.

그런데 듣기는 어떤가? 혹시 주변에 듣기 학원 다니거나, 듣기 책을 읽는 사람을 본 적이 있는가? 아마도 거의 없을 것이다. 이와 같이 우리는 듣기는 잘 배우지 않는다.

허나 이 듣기, 특별히 경청은 굉장히 어려운 기술 중에 하나이다. 단순한 듣기가 아닌 경청을 하려면 아이 컨택도 해야 하고, 끄덕끄덕하거나 살짝 웃어 주는 등, 비언어적인 기술도 써야 하고, 때로는 맞장구를 치거나 (아멘이라고) 반영적 듣기(상대방의 말을 다시 들려주기)나 질문과 같은 언어적인 기술도 써야 한다. 그래야 제대로 된 경청을 할 수 있게 된다.

그런데 대부분의 요즘 청소년들이나 청년들은 이 경청의 기술에 대해 제대로 배우지 못한 것 같다. 스마트폰이나 인터넷에 시간을 보내는 만큼 대인관계 기술이 약해진 이유라 생각하는데, 아무튼 다른 사람들과 제대로 대화하고 교감하는 능력이 현저히 부족해진 것 같다. 그러니 당연히 설교자의 메시지에 경청하는 것도 어려워한다.

또한 교사와 설교자들이여, 스스로 가슴에 손을 얹고 생각해 보자. 설교자의 메시지에 경청하는 것이 어떻게 하는 것이라 생각하는가? 그리고 그것을 청중들에게 가르친 적이 있는가? 이 질문에 yes라고 답할 사람은 많지 않을 것이다. 그렇다면 더 어려운 질문을 해 보겠다. 혹시 학생들이 경청하는데 도움을 주는 도구를 제공하는 사람이 있는가?

이건 또 뭔가? 경청하는데 도움을 주는 도구라니? 이렇게 질문할 수도 있는데 일단 하나씩 짚어보자. 설교시간에 어떻게 반응하고 행동하는 것이 메시지에 경청하는 것인가? 아마 독자들의 생각이 다 같지는 않을 것이다. 그러나 중요한 것은 그것을 계속 반복해서 가르쳐야 한다는 것이다. 적극적인 반응을 보여야 한다면 적극적인 반응을 해야 한다고 가르치고, 또한 조용히 들어야 한다면 조용히 들어야 한다고 가르치자. 또한 딴 짓 하지 않는 것이 중요하다면 딴 짓 하지 않도록 가르치자.

이런다고 나아질까? 당연히 드라마틱하게 나아지지 않는다! 아주 조금 나아질 것이다. 그러나 전혀 가르치지 않은 것과는 천지차이이다.

교육학에서 가장 유명한 실험을 꼽으라면 여러 개가 있지만 그 중에 하나는 학생들의 자제력에 대해 실험한 마쉬멜로우 실험을 꼽을 수 있다. 그런데 그 실험을 보면 어떤 아이들은 교사가 돌아올 때까지 주어진 마쉬멜로우를 먹지 않고 기다리는데 어떤 학생들은 선생님이 나가자마자 먹어치운다. 그 후 그 마쉬멜로우를 먹은 아이들과 먹지 않은 아이들을 계속해서 추적해서 연구해 본 결과 마쉬멜로우를 먹지 않은 아이들이 나중에 SAT 점수도 더 높고, 더욱 성공적인 인생을 살더라는 연구결과를 발견했다.

그런데 이 실험이 재미있는 것은 그 후속 연구가 여러 가지가 있었다는 것이다. 그 중에 하나는 어떤 학생들이 기다렸고, 어떤 학생들이 먹어버렸는지 그 조건을 찾으려 한 연구였다. 그래서 마쉬멜로우의 뚜껑을 닫아두거나, 학생들에게 기다리는 방법을 알려주며 기다리게 해 보았다. 그런데 아이들에게 기다리는 법을 알려주게 되니 그 아이들은 평균 13분을 참았다고 한다. 이는 1966년의 첫 번째 실험의 결과인 8분 32초 보다 훨씬 늘어난 시간이고, 뚜껑을 닫아둔 경우보다도 약 2분 정도 더 기다리고 절제하게 되었다. 그래서 연구진들은 이렇게 결론을 내린다. "참을성과 자제력의 차이는 기다리는 방법을 아느냐 모르느냐에 달렸다"

즉 우리의 다음 세대 학생과 청년들이 설교를 경청하기를 원한다면 그들에게 설교를 경청하는 법을 알려줄 필요가 있다. 설교를 들을 때는 어떤 자세, 어떤 마음이어야 하는지, 그래서 설교를 듣는 동안 어떻게 행동해야 하는지 구체적으로 하나하나 알려줄 필요가 있다. 알겠거니 하고 안 가르쳐주면 안 된다. 또 제대로 가르쳐 주지 않아 놓고서는 그걸 가지고 청소년들이나 청년들이 믿음이 있네 없네 하면 더더욱 안 된다.

청소년이나 청년 사역의 경험이 많은 사역자들이 요즘 청소년이나 청년들을 데리고 그 교회만의 수련회에 가서 기도회를 인도해 보면 이런 느낌을 받을 것이다. 즉 예전 같지 않다는 것이다. 그들의 중고등부, 청년 때나 혹은 그들이 처음 사역할 때의 중고등부, 청년 학생들이 기도회 때, 집회 때 기도하던 모습과 요즘의 청소년, 청년들의 기도하는 모습은 차이가 많이 난다. 예를 들면 이런 식이다. 요즘의 청년들이 기도하는 모습이 예전의 고등부 학생들이 기도하던 모습과 비슷하고, 요즘의 고등학생들이 기도하는 모습들이 예전의 중등부 학생들이 기도하는 모습과 유사하다. 즉 요즘 학생들이 기도자체를 잘 할 줄 모른다는 느낌을 받는다. 그래서 어떤 때는 기도회가 아니라, '기도는 이렇게 하는 거다'라고 가르치다가 기도회가 끝나버리는 경우도 있다.

그런데 재미있는 것은 연합집회나 수련회를 참석하거나 그러한 집회를 인도해 보면, 많은 교회, 많은 학생들이 그렇게 기도도 못하고, 또 말씀 듣는 시간에 집중하지 못하는 그런 모습이지만, 그럼에도 불구하고, 그 중에 군계일학과 같이 말씀도 잘 듣고 기도회 시간에 뜨겁게 기도하는 교회와 학생들도 있다.

이런 교회와 학생들은 뭐가 다른 걸까? 별 것 없다. 끊임없이 가르치고 훈련했기 때문이다. 기도회에서 기도하는 것, 말씀 듣는 시간에 설교자의 말에 경청하는 것, 이 모두가 배워야 하는 것이다. 배우고 끊임없이 잔소리를 들어가며 훈련을 받아야 되는 일이다. 필자같은 경우는 30세가 넘은 청년들에게도 가끔씩 설교 듣는 자세에 대해 잔소리를 하기도 한다. 그런 자세는 경청에 도움이 되지 않는다고 대놓고 이야기한다. 그런다고 획기적으로 나아지고 변화되지는 않는다. 그러나 계속 반복해서 일러주고 알려주면 조금씩 변하게 된다. 1분, 2분 집중하는 시간, 경청의 시간이 늘어난다. 이게 우리가 원하는 것이 아닌가?

자 지금가지 우리는 학생들이 메시지를 경청하는 것이 쉽지 않다는 것을 살펴보았다. 그렇다면 어떻게 이런 어려움을 뚫고 학생들에게 메시지가 전달되도록 하고, 또 그들이 경청하도록 할 것인가?

어떤 교회에서는 학생들이 경청하지 않고 스마트폰을 한다고 주일날 예배 들어오는 학생들이 가져온 스마트폰을 반별로 수거한다고 한다. 뭐 상황에 따라서 나쁜 아이디어가 아닐 수 있다고 생각한다. 그러나 좀 더 본질적인 해법을 찾아보자. 메시지 자체에는 전혀 변화가 없으면서 학생들에게 어떤 의무감만 강조하는 것이 아니라 학생들이 저절로 메시지를 경청할 수밖에 없도록 하는 그런 방법이 없는지 찾아보겠다.

2. 해법: 학생들이 메시지를 경청하도록 하기

지금까지 우리는 학생들이 메시지에 경청하기 어려운 이유들에 대해 살펴보았다. 혹시 지금까지의 내용을 보면서 이런 생각을 한 사람도 있을 수 있을 것 같다. '에이 문제를 지적하는 게 뭐 그리 어렵다고 그러나 해법을 제시하는 게 어렵지' 전적으로 맞는 말이다. 지적질하고 비판하는 건 쉽지만 해법을 제시하고 도움을 주는 건 어렵다. 그러므로 이제 슬슬 청중들이 우리들의 메시지에 경청할 수 있도록 하는 해법들을 좀 생각해 보자. 그래야 더 이상 변명이나 푸념에 우리의 시간이 사로잡히지 않을 수 있을 것이다.

자 우선 가장 먼저 이야기하고 싶은 것은 도입에 관한 것이다. 즉 학생들이 교사의 가르침이나 설교자의 설교 메시지에 경청하도록 하고 싶다면 메시지의 도입 부분에 신경을 써야 한다. 이건 정말 얼마나 중요한지 더 이상 강조를 할 수 없을 정도로 중요한 것이다.

'시작이 반'이라는 말이 있는데, 가끔 메시지를 전달하는 상황 가운데는 시작이 반이 더 되기도 하는 것 같다. 즉 학생들이 메시지를 경청하기를 원한다면 처음의 도입 부분을 아주 잘 해야 한다. 그래야 학생들은 듣기로 결정하게 된다.

한번 생각해 보라. 자신이 교사나 설교자가 아니라 청중이

나 학생으로 모임에 참석할 경우 메시지를 듣기 전에 얼마나 준비하는가? 설교가 시작되기 전 본문이나 제목을 보면서 기대감에 부풀어 있고, 교사의 말을 단 한 마디도 놓치지 않기 위해서 첫 시작부터 열심히 듣는가? 설교 사역을 감당하고 있는 나 자신부터 다른 사람의 설교를 들을 때, 그렇게 잘 준비되어 있는 모습은 아님을 솔직히 고백한다. 그저 처음의 설교의 내용을 들다보면, (그리고 그 내용이 나의 영적 필요나 궁금증과 잘 맞는다면) 조금씩 메시지에 집중하게 된다.

하물며 우리부터 그런데 우리의 대상인 다음 세대 학생들은 어떨 것 같은가? 우리보다 심했으면 심했지 더 낫지는 않다. 정말 아무 준비 없이 예배에 오고 수업을 듣는다. 수업에 대한 예습도 안 하고, 준비기도도 안 하고, 설교 전에 그 내용을 놓치지 않기 위해 성령님께 간구하는 모습이 전혀 없는 것이 일반적인 다음 세대의 모습들이고 우리가 가르치고 있는 청중들의 모습이다.

그러니 아무 생각 없이 설교나 가르침을 듣기 시작하다가 처음에 귀에 좀 들어오고, 내용이 궁금하면 계속 들어보려 하고, 그렇지 않고 처음부터 지루하거나 처음의 내용이 별로 자신에게 와 닿지 않으면 바로 귀를 닫아 버린다. 이걸 보고 놀라거나 할 필요 없다. 당연하게 받아들여야 한다.

요즘은 또 추세가 조금 바뀌기는 했는데 몇 년 전 가요계에 "후크송(hook song)" 열풍이 분 적이 있었다. 기억나는가? 혹시

"후크송"이 뭐냐? 할 사람도 있을 수 있으니 설명하겠다. "후크송"이란 귀에 쏙 들어오는 리듬이나 후렴구가 반복되는 노래를 일컫는 것으로서 듣는 사람이 흥얼거리며 따라 부르도록 하는 묘한 중독성이 있는 음악이다. 소녀시대의 <GEE>로 불붙기 시작해 슈퍼주니어의 <Sorry Sorry> , 원더걸스의 <Tell me>, 손담비의 <미쳤어> 등등이 후크송의 대표적인 예들이다.

그런데 이 후크송이 왜 이렇게 대세가 되었을까? 단순히 중독성 있는 멜로디의 반복?? 이런 이유 말고 음반 산업 전체를 아우르는 커다란 변화와 관련된 이유가 있다. 자신이 음악에 대한 센스가 있다고 스스로 생각한다면 한번 맞춰보길 바란다.

답을 알겠는가? 뭐 그리 어려운 것은 아니다. 사실 기존의 음악들에는 기승전결이라는 것이 있었다. 즉 도입부에서는 조금 조용하고 차분하게 가다가 조금씩 고조되어 후렴부분에서 클라이맥스를 이루고, 적당히 마무리 한다. 즉 그 노래에 있어서 가장 중요하고 좋은 멜로디가 나중에 클라이맥스가 되는 후렴부분에 나오는 경우가 대부분이었다. 그런데 후크송은 단순하고 중독성 있는 멜로디, 노래에서 가장 좋은 부분이 처음에 확 나온다. "Gee gee gee gee baby..." "tell me tell me" 등등 이런 멜로디가 노래 시작과 함께 바로 나온다. 왜 그럴까?

음악 산업이 오프라인 중심에서 온라인 중심으로 바뀌어서 그렇다. 무슨 이야기인가? 예전에는 음악을 만들면 주된 수익을 CD나 Tape를 팔아서 냈다. 그런데 요즘은 온라인에서 음원을 판매한다. 그런데 사람들이 노래를 구입하기 전에 뭘 하는가? 약 1분 정도 미리듣기를 한다. 이 "미리듣기" 때문에 후크송이 대세가 된 것이다.

즉 1분 미리듣기 안에 (사실 요즘의 참을성 없는 넷 세대의 청소년과 청년들은 수십 초 안에 돌려버린다) 노래의 가장 좋은 부분을 들려줘야 하는 것이다. 그래야 사람들이 곡이 좋은 줄 알고 사게 된다. 즉 예전과 같이 처음에 도입 가다가 나중에 후렴에서 절정에 가는 구성으로 곡을 만들면, 그 절정의 멜로디를 들어보기도 전에 미리듣기가 끝나게 된다. 그렇다면 그 노래의 가장 좋은 부분을 듣지 못하게 되고 그만큼 그 노래를 구입할 가능성도 줄어드는 것이다. 즉 후크송에서는 클라이맥스 부분이 먼저 확 나온다. 왜? 사람들이 빨리 돌려버리니까. 처음 부분에서 사람들 귀에 확 끌려야 한다. 이렇게 도입이 너무나 중요하다.

기르침이나 설교도 마찬가지이다. 처음의 도입부분을 통해 학생들이 이 메시지를 끝까지 들어봐야겠다는 생각과 결심을 하도록 해야 한다. 즉 지금 듣기 시작한 이 메시지가 자신이 지금 겪고 있는 영적인 혹은 실제적인 문제들에 대한 답을 줄 수 있을 것이라는 기대감을 가지게 하고, 그러한 필요를 채우기 위해 경청할 수 있도록 하는 그런 도입을 준비해야 하는 것이다.

설교 잘 하는 목사님들의 설교도 들어 보면 서론이 정말 좋은 경우가 대부분이다. 그리고 좋은 도입을 하기 위해 굉장히 노력하신다. 대부분의 뛰어난 설교자들은 설교의 도입을 가장 나중에 준비한다. 그리고 심지어 설교하러 올라가기 직전까지 더 좋은 도입이 없을지 고민하고 또 고민한다. 또 어떤 설교자는 서론 부분만 20분 정도 하시는 것도 들어봤다. 그래서 이와 같이 잘 준비된 도입을 통해 청중들의 주의를 집중시키고, 자신의 메시지에 집중하도록 한다.

필자도 설교를 하든, 강의를 하든 이 도입에 굉장히 신경을 쓰고 항상 좋은 도입을 하려고 노력한다. 그러다 보니 어떤 경우는 도입을 제외한 다른 부분의 메시지 준비에 걸리는 시간과 비슷한 시간을 도입 부분만을 위해 투자하는 경우도 있다. 또 아무래도 강의는 설교에 비해 조금 더 유연성이 있기 때문에 다양한 활동을 도입하기도 한다. 학생들에게 몸으로 직접 움직이는 활동을 하게 하기도 하고, 유치부 어린 아이들이 할 만한 유치한 놀이를 시키기도 한다.

이와 같은 도입의 이야기와 활동들을 통해 청중으로 하여금 이제 앞으로 어떤 메시지를 전달하고자 하는지, 그리고 그 메시지들을 듣는 것을 통해 우리 모두가 얼마나 중요한 영적인 원리들을 배울 수 있으며 성장할 수 있는지 분명히 알려주기 위해 노력한다. 놀라운 것은 노력하는 만큼 청중들은 보다 더 메시지에 경청하게 된다. 학생들이 메시지에 경청하도록 하고 싶은가? 그러면 도입에 신경을 쓰라. 아마도 반 이상은 해결이 될 것이다.

제2장
이해

1. 조건: 학생이 메시지를 이해하는가?

우리의 다음 세대들이 우리가 가르치는 메시지를 듣고 그들의 삶에 적용하여 변화가 되려면 두 번째 조건이 만족되어져야 한다. 즉 학생들이 우선 들은 메시지를 이해해야 한다. 이해하지 못하면 당연히 그 메시지를 적용하거나 순종하여 삶에 적용할 수는 없는 일이다.

2. 해법: 어떻게 메시지를 이해하도록 할 것인가?

우선 가장 중요한 것은 메시지를 전하는 사람 자신이 메시지를 분명히 이해하고 있는가가 정말 중요하다. 사도 바울도 젊은 교사 디모데에게 이렇게 권면하였다. "너는 배우고 확신한 일에 거하라" (딤후 3:14) 이렇게 가르치는 사람이 가르치는 내용을 분명하게 이해하고 있어야 그 내용을 다른 사람도 이해할 수 있도록 쉽게 풀어낼 수 있다. 그렇지 않으면 그저 자신이 알게 된 것, 들은 풍월을 반복할 뿐이다.

잘 가르치는 교사들 보면 하나같이 그렇다. 자신이 가르치는 내용에 대해 일단 기본적으로 잘 이해하고 있다. 그렇기 때문에 그 내용을 어려운 전문적인 단어를 통해서도 설명할 수 있지만, 가장 쉬운 단어로도 설명할 수 있다. 그리고 길게 늘여서 설명도 가능하지만 한 두 문장의 짧은 말로도 쉽게 요약할 수 있다.

즉 우리는 우리가 가르치는 내용을 200% 이해하고 있을 때 비로소 학생들이 100% 이해할 수 있도록 가르칠 수 있다. 자신이 가르치는 내용을 분명히 이해하고 있지 못하다면, 아니면 겨우 100% 이해하고 있다면 가르칠 때는 50%, 60% 정도 밖에 가르칠 수 없게 된다. 그리고 여기에서 탁월한 교사와 그렇지 못한 교사가 나뉘게 된다.

가만히 보면 가르치는 사람들에게는 4종류가 있다.

1) 쉬운 내용을 쉽게 가르치는 사람

2) 쉬운 내용도 어렵게 가르치는 사람

3) 어려운 내용을 어렵게 가르치는 사람

4) 어려운 내용도 쉽게 가르치는 사람

사실 1, 3번의 사람들은 만나기가 그렇게 어렵지 않다. 쉬운 내용은 쉽게 가르치고 어려운 내용은 어렵게 가르치는 사람들은 주변에서 쉽게 볼 수 있다. 쉬운 내용이니 쉽게 가르치고, 어려운 내용이니 어렵게 가르친다.

그리고 2번의 교사들도 종종 본다. 그렇게 어렵지 않은 내용인데도, 그 사람이 가르치면 어렵다. 그래서 심지어 그 교사 때문에 그 과목 성적이 엉망이 될 수도 있고, 더 나아가 그 교사 때문에 그 과목 자체의 흥미를 잃어버리기까지 한다.

왜 이런 일이 벌어지는가? 내가 가르치는 내용에 완전히 정통하지 않기 때문이다. 아무리 어려운 내용이라도 그 내용에 정통하면 그 안에 들어있는 원리를 찾아내 학생들이 이해하기 쉬운 말과 예로 설명해 줄 수 있다. 그러나 어설프게 알면 그냥 자신이 깨달은 만큼만 가르치게 된다. 이러면 쉬운 내용도 어려워질 수 있다.

그런데 4번은 정말 드문 경우이다. 이런 사람이 잘 없다. 어려운 내용도 쉽게 가르칠 수 있는 사람은 바로 자신이 가르치는 내용에 대해 정통한 사람들이다. 그리고 이러한 사람이어야 비로소 학생들을 잘 이해시킬 수 있다.

얼마 전에 TV 프로그램 중 진짜 사나이를 본 적이 있었다. 그 때 마침 여군 부사관 후보생 훈련 편을 방송하고 있었는데 여자 연예인들이 군대 체험에 도전하는 모습이 방영되고 있었다. 그런데 그 프로그램 중 인상 깊었던 것은 여군 부사관 후보생들이 서로 경례하는 경례의 구호였다. 그들은 이렇게 경례를 했다. “정통해야 따른다!”

정말 그들은 군대에서 여성의 몸으로 일을 하기에 어려운 점이 많을 것이다. 그렇기에 더욱 더 모든 일에 정통하려고 애쓰고 있었다. 그래야 사병들이 믿고 따를 수 있는 것이다. 그 구호를 들으면서 필자는 다음 세대를 섬기는 설교자들을 생각했다. 이들 역시 정통해야 한다. 우리가 가르치는 내용에 정통해야 학생들이 듣고, 그리고 우리가 가르치는 내용에 정통해야 학생들을 이해시킬 수 있다.

그렇다면 내가 가르치는 내용에 대해 정통한가 하는 것을 어떻게 알 수 있는가? 이는 다음의 질문에 답을 해 보면 된다. 즉 내가 지금 가르치는 내용을 한 문장으로 요약할 수 있는가? 하는 것이다. 필자는 가끔 후배들이나 학생들에게 자신의 설교나 가르침을 한 문장으로 요약하게 해 본다. 그런데 시켜놓고 보면 자신의 가르침을 한 문장으로 요약하는 것을 그렇게 어려워한다. 그렇다면 지금 자신이 가르치고자 하는 내용을 완전히 소화하지 못한 것이다.

하나의 예인데 이렇게 내가 가르치는 내용을 가장 쉽고, 짧게 요약할 수 있도록 완전히 정통해야 한다. 그리고 자신이 가르치는 내용에 정통하고 있을 때 학생들을 이해시킬 수 있다.

조직행동론과 리더십 연구자인 칩 히스·댄 히스 형제는 「스틱」이라는 책에서 왜 어떤 메시지는 40년 이상을 살아남고 왜 어떤 메시지는 40초 만에 기억에서 사라질까?를 이야기한다. 그런데 그들이 이 책을 통해 이야기하기를 메시지 전달자들 대부분은 '지식의 저주'에 빠져 있다고 한다. 그것이 무엇이냐 하면 메시지를 전달하는 사람들은 그들이 그 내용을 잘 알고 있기 때문에 대강 가르치기 쉽게 된다. 그러나 그 메시지를 듣는 청중들은 그들만큼 메시지의 내용을 이해하고 있기 못하기 때문에 그들의 이야기를 쉽게 이해하지 못한다는 것이다.

조금 더 쉽게 설명해 보겠다(이번 장 주제가 '이해'인데 이해가 되지 않는다면 곤란한 일이다). 가끔씩 보면 천부적으로 운동신경을 타고난 사람들이 있다. 이런 사람들은 어떤 운동을 배울 때 별다른 어려움이 없이 금방 배우는 것을 보게 된다. 그리고 한 개 운동만을 잘 하는 사람은 별로 없고, 여러 가지 운동을 두루 잘 하는 경우가 많다. 그런데 이런 사람들이 어려움을 느끼는 것 중에 하나가 다른 사람들을 가르치는 것이라고 한다. 즉 자신은 너무나 쉽게 배우고, 중요한 원리가 너무 쉽게 익혀지다 보니 그렇지 못한 다른 사람들-운동 신경이 나쁜 사람들-에게 설명하는 것을 어려워하는 것이다.

또한 이런 예도 들 수 있다. 이건 여성분들이 더 잘 공감할 만한 예인데, 보통 손맛이 좋고 음식을 잘 하는 분들에게 어떻게 하면 그렇게 요리를 잘 하는가? 이 음식이 이렇게 맛있는 비결이 뭐냐? 이렇게 물으면 잘 설명을 안 해주신다. "그냥 뭐 기본양념하고 적당히..." 이렇게들 많이 이야기하는데 이 "적당히"가 문제다. 요리를 못하는 사람들에게는 이 "적당히"만큼 어려운 것이 없다. 그런데 이 분은 자신의 머릿속에 분명한 "적당히"의 개념이 들어있다. 이와 같이 자신은 너무나도 분명하게 알고 있기 때문에 설명도 그만큼 대충 알려주게 되는 것이다. 이것이 바로 지식의 저주이다.

필자도 수업 시간에 이 지식의 저주에 대해 설명하고는 한다. 이를 위해 학생들 중 한 사람을 자원해서 앞으로 나오게 한다. 그리고 나서 그 학생에게 청중들 모두가 알만한 동요나 혹은 찬양곡을 하나 선정해 그 곡을 노래나 악기로 연주하는 것이 아니라 그저 막대기로 책상을 쳐서 그 노래의 멜로디를 두드리게 한다. 그렇게 하면서 청중들에게는 그 곡이 무슨 곡인지 맞추는 게임을 한다.

그러면 무슨 일이 일어나는 줄 아는가? 대부분의 청중들이 그 두드리는 소리만으로는 절대 그 곡이 무슨 곡인지 모른다. 그런데 놀라운 것은 그 곡을 두드리는 사람에게 물어보면 백이면 백 왜 사람들이 못 맞추는 지 이해가 안 된다고 한다. 이렇게 분명하게 멜로디가 들리는데 이걸 왜 모르냐... 이러면서 답답해하고는 한다.

이것이 '지식의 저주'의 대표적인 예이다. 정보를 전달하는 사람은 보통 그 정보에 대해 듣는 사람보다 더 많이 알고 있게 된다. 그래서 조금만 그 정보에 대해 이야기해도 충분히 그 정보에 대해 이해할 수 있다. 그렇기 때문에 여기에서 문제가 생기는 것이다. '다른 듣는 사람도 나처럼 이 내용에 대해 이 정도 설명하면 알겠지' 라고 생각하게 되어 그만큼 설명을 잘 하지 못하게 된다. 그리고 그렇기 때문에 청중은 이해에 어려움을 겪게 된다.

그러니까 가르치는 사람 입장에서는 잘 가르친 것 같은데 이해 못하는 사람이 이상하다 라고 생각할 수 있지만 오히려 반대로 듣는 사람 입장에서는 이렇게 대충 알려주고는 어떻게 알라는 것이냐 라고 반응할 수 있다는 것이다.

그런데 우리가 말씀을 전하거나 가르치는 모습이 이런 상황일 수 있다. 가르치는 사람은 그 말씀에 대해 충분히 이해하고 있고 그 말씀의 내용이 머리에 그림으로 딱 들어있게 된다. 그러나 청중은 그렇지 않다. 그 메시지를 전하는 사람이 상세하게 자신의 머릿속에 있는 그림을 정확히 청중에게도 그려줘야 한다. 그러나 이렇게 하지 않고 적당히 자신만이 이해할 수 있는 언어와 방법으로 전달해 놓고는 학생들이 알아서 듣겠거니 생각하는 것은 너무나 위험한 일이다.

혹 이렇게도 생각한다. '이렇게만 전해도 이 말씀이 하나님의 말씀이니, 그리고 말씀에 능력이 있으니 알아서 변화되겠지...' 이렇게 생각한다. 물론 필자도 하나님의 말씀에 능력이 있음을 믿는다. 그러나 중요한 것은 무작정 말씀에 능력이 있는 것이 아니라 학생들에게 이해가 되고, 전달이 된 말씀이 능력이 있는 것이다. 아이들의 귀에 들리고, 그들에게 이해가 되고, 동감이 되어야 그들의 삶에 능력 있게 역사하는 것이다. 말씀에 능력이 있으니 전달하면 땡이다 라고 한다면 우리가 뭐 하러 가르치고 설교하고 하겠는가? 그냥 성경말씀만을 읽어 주면 될 일이다. 내가 말씀을 가지고 어떤 식으로든 설명을 한다는 것은 그 말씀을 학생들에게 이해시키려고 하는 것이다. 그렇다면 아이들에게 이해가 되고 전달이 되게 해야 한다.

그런데 여기에서 이러한 반문을 할 수 있다. "아니 하나님의 말씀은 그 자체로 의미가 있는 것이 아닌가? 그렇다면 성경말씀 그 자체 보다 우리가 그 말씀을 어떻게 표현하는가 하는 것이 더 중요하다는 이야기인가?"

물론 나도 하나님의 말씀이 그 자체로도 의미가 있고 너무나 중요하다는 데에는 전적으로 동의한다. 그러나 하나님의 말씀은 그 존재 자체로 의미가 있는 것이 아니다. 그 말씀이 우리와 함께 할 때 의미가 있는 것이다. 요 1:1을 보자. "태초에 말씀이 계시니라 이 말씀이 하나님과 함께 계셨으니" 태초부터 하나님의 말씀이 계셨다. 그러나 그 말씀이 존재하기는 했으나 인간에게 주어진 것이 아니라 하나님과 함께 있을 때는 사실상 우리에게 큰 유익이 없었다.

그러니까 말씀은 계셨던 것만으로는 충분하지 않았던 것이다. 말씀은 분명히 하나님과 함께 계셨으나 그 말씀이 표현되지 않았을 때, 이스라엘 백성들에게 전달되지 않았을 때는 사람들이 하나님의 말씀을 알지 못하고 뜻을 깨닫지 못했다. 그리고 그와 같이 무엇이 하나님의 뜻인지 알지 못할 때는 그 말씀이 사람들의 삶 가운데 영향력을 발휘하지 못했던 것이다. 그 후 하나님께서는 이스라엘 백성들에게 자신의 말씀을 표현하시기로, 나타내시기로 하셨다. 그것이 무엇인가? 시내산에서 모세를 통해서 계명을 주신 것이다. 하나님께서는 이스라엘 백성들에게 율법이라는 표현을 통해 자신의 뜻을, 말씀을 나타내신 것이다.

그러나 사람들에게는 이것도 부족했다. 돌에 새긴 계명으로는 사람들이 하나님의 뜻을 완전하게 깨닫고 그 말씀 가운데 거하기가 힘들었다. 그래서 하나님 말씀의 본질이 아닌 자꾸 형식만 따지고는 했다. 그러자 하나님께서는 이제 이스라엘 백성들에게 그들이 이해할 수 있는 언어로 말씀하시기고, 표현하시기로 결정하셨다. 그게 무엇인가? 말씀을 육신의 형태로 나타내신 것이다. 그렇기 때문에 말씀이신 예수님께서는 육신의 몸을 입고 우리들에게 오신 것이다.

요 1:14

말씀이 육신이 되어 우리 가운데 거하시매 우리가 그의 영광을 보니 아버지의 독생자의 영광이요 은혜와 진리가 충만하더라

이와 같이 말씀 그 자체도 물론 중요하지만, 그 말씀을 어떻게 표현하느냐? 어떻게 그 말씀을 나타내느냐 하는 것이 너무나도 중요하다. 즉 말씀은 육신이 되어 우리 가운데 나타나게 될 때 역사가 나타나게 되는 것이다. 말씀이 우리가 만지고 이해할 수 있는 것으로 육화되어 나타날 때 능력이 발휘된다. 하

나님의 말씀은 너무나도 귀한 것이다. 그러나 그 말씀이 우리와 아무 관계가 없을 때, 우리 가운데 거하지 않을 때, 우리가 이해하지 못할 때, 우리를 사로잡지 못할 때는 우리 삶 가운데 별다른 영향력을 행사할 수 없는 것이다.

이 책을 읽고 있는 사람도 마찬가지일 것이다. 우리 삶 가운데도 하나님의 말씀의 역사가 일어난 순간들이 있을 것이다. 그런데 잘 생각해 보라. 어떤 말씀이 자신의 삶에 영향을 주고, 방향을 바뀌게 하고, 변화를 일으켰는가? 자신에게 이해된 말씀일 것이다. 그 동안 수많은 설교와 가르침을 들었음에도 불구하고, 모든 말씀이 다 내 삶을 바꿔놓고 영향을 미친 것이 아니라 자신의 귀에 분명히 들려진 말씀, 분명히 이해된 말씀이 자신의 삶에 영향을 미친 것이 아닌가?

그러므로 말씀을 단순히 전하는 것도 중요하고 그 내용도 중요하지만 또 한 가지 우리가 잊지 말아야 할 것은 어떻게 그 말씀을 표현하느냐 하는 것이다. 어떻게 그 말씀이 우리가 가르치는 사람들에게 이해가 되게 할 것인가 이것을 끊임없이 고민해야 한다. 그러므로 학생들의 귀에 들리게 하고, 이해되도록 하고, 생생하게 느껴지게 하는 일... 바로 "어떻게 전하느냐" 하는 일 역시 너무나도 중요한 것이다. 메시지를 전하는 사람은 청중들에게 이해가 되게 들려주어야 한다! 우리는 여기에 목숨을 걸어야 한다. 어떻게 전하느냐, 어떻게 가르치느냐 하는 것은 너무나 중요하다.

또한 학생들이 설교자나 교사가 가르치는 내용을 더 잘 이해하도록 하기 위해서는 산만하게 많은 내용을 가르치는 것보다 단 한 가지라도 분명한 포인트를 잡아 가르치는 것이 낫다. 필자는 이러한 이유로 특별히 다음 세대들을 가르치기 위해서는 원 포인트 설교나 가르침을 권장한다.

사실 그동안 한국 교회에서는 전통적인 삼대지 설교를 많이 들어왔다. 즉 서론, 그 다음에 첫째, 둘째, 셋째, 그리고 마지막에 결론으로 이어지는 설교가 바로 그것이다. 그런데 이와 같이 설교를 진행할 경우 듣는 학생들 입장에서는 어느 것에 초점을 잡아야 할지 분명하지 않은 어려움이 있어 왔다. 또한 세 가지 내용을 다 설명하고 또 그 각각에 대한 예화를 들어 주고, 이러다 보면 설교의 분량도 기하급수적으로 늘어나게 된다. 그러면 듣는 사람 입장에서는 더욱 더 이해에 어려움을 가지게 된다. 시간이 길어지면 길어질수록 집중력은 떨어지게 되기 때문이다.

그러므로 학생들이 더욱 더 메시지를 잘 이해하도록 하기 위해서는 단 한 가지의 중요한 포인트를 가르치는 것이 좋다. 즉 서론에서는 무엇을 하느냐? 앞으로 본론에서 이야기할 포인트를 소개하면 된다. 그리고 본론에서는 이야기하겠다고 한 그 포인트를 설명하면 된다. 예화도 설명도 다 그 포인트와 연결된 것을 하기에 이해하기에 그만큼 용이하게 된다. 마지막 결론 부분에서는 지금까지 계속 이야기한 그 메인 포인트를 다시 한번 언급하며 실제적으로 적용할 수 있도록 도와주면 된다.

필자가 자주 설교하는 내용 중 제자도와 관련된 시리즈가 있다. 그런데 이 설교가 어떻게 만들어졌는가 하면 원래 누가복음 5장에서 예수님께서 베드로 부르는 걸로 전통적인 삼대지 설교를 준비했었다. 그런데 이 설교를 고등부 수련회 때 처음 했었는데 반응이 좋아서 다른 곳에서도 종종 하게 되었다. 그런데 그러다 보니 자연스럽게 좋은 예화들이 더 생각나서 그 내용들을 덧붙이고 나니 도저히 한 번에서는 다 설교할 수 없는 길이의 원고가 되었다. 그래서 첫 날에는 첫 번째 포인트, 그리고 두 번째 날에는 두 번째, 세 번째 포인트, 이런 식으로 수련회 집회를 인도하며 설교하고는 했다. 그런데 이것도 나중에 세 번째 포인트를 조금 더 보강하게 되었더니 분량이 더 늘어나게 되어 두 번째와 세 번째 포인트도 절대로 함께 할 수 없는 그러한 분량이 되었다. 그래서 결국은 처음에는 세 가지 포인트로 된 삼대지 설교이었는데 이 설교가 결국에는 하나의 포인트를 가진 세 개의 시리즈 설교가 되었다.

이 시리즈의 주제와 내용은 다음과 같다.

Following Jesus

1주: 순종 (1-6절)

2주: A teachable moment (8절)

3주: A price tag (10-11질)

그런데 이 과정을 통해 놀라운 것을 깨닫게 되었다. 한 날 세 가지 주제를 다 설명하는 것보다 3일 동안 세 가지 주제를, 즉 하루에 한 가지 주제씩 원 포인트로 설교한 것이 나중에 훨씬 더 반응이 좋았다. 집회에 참석한 학생들에 의하면 원 포인트로 설교를 들었을 때, 더욱 쉽게 이해가 되었을 뿐 아니라 나중에 말씀을 기억하여 적용하는데도 훨씬 더 좋았다고 한다. 이와 같이 학생들을 이해시키기 위해서는 듣는 사람의 입장에서 가르칠 필요가 있다. 가르치는 사람이야 원고를 가지고 있으니 이게 첫 번째, 이게 두 번째, 하는 분명한 구조를 파악하면서 가르치게 되지만 듣는 사람 입장에서는 그냥 듣게 되기 때문에 그러한 구조를 파악하는 것이 쉽지 않게 된다. 그러므로 산만하게 많은 내용을 한 번에 가르치려고 하기 보다는 분명한 한 가지 포인트라도 제대로 가르치는 것이 더욱 효과적이다.

제3장
믿음

1. 조건: 학생들이 메시지를 믿는가?

그 다음 조건을 든다면 학생들이 설교자나 교사가 전하는 말을 믿어야 한다. 누구나 자신이 믿는 대로 행동하게 된다. 어떤 사람이 집을 나가기 전, 하늘을 보니 비가 올 것 같다. 그러면 우산을 챙기게 된다. 물론 비가 오지 않을 것이라 믿는다면 우산을 챙기지 않는다. 이와 같은 일이 왜 생기는가? 누구나 사람들은 자신이 믿는 대로 행동하게 된다. 즉 어떤 행동이 뒤따르게 되려면, 그 행동을 지지할 수 있는 믿음이 있어야 한다.

우리가 학생들에게 정말 열심히 하나님의 말씀을 가르치고 났는데도, 왜 그들이 그 말씀대로 행동하지 않는가? 위의 이야기에 의하면 답은 이거다. 학생들은 자신이 들은 하나님의 말씀이 실제로 믿어지지 않는 것이다. 이는 학생들의 믿음이 부족하고, 그들의 신앙이 연약해서일까? 물론 그러한 이유가 있을 수도 있다. 그러나 그러한 이유에 더하여 우리가 잘못 가르친 이

유도 있을 것이다. 즉 우리가 학생들이 그들이 듣는 말씀이 믿어질 수 있도록 제대로 가르치지 못했기 때문에 그들이 그 말씀대로 행하지 않는 것이다.

2. 해법: 학생들로 하여금 우리가 가르치는 메시지가 믿어지게 하라.

어떻게 하면 우리의 학생들이 우리가 가르치는 메시지를 믿도록 할까? 흔히 믿도록 한다고 하면 어떠한 증거를 제시하거나 논리적으로 움직일 수 없는 근거를 드는 것을 생각하고는 한다. 그러나 우리의 믿음은 어떻게 보면 굉장히 감성적이다. 즉 우리는 우리가 믿고 싶은 것을 믿는 경향이 있다. 그렇기 때문에 우리는 감정적인 요소를 굉장히 중요하게 다루어야 한다.

유명한 교육학자인 하워드 헨드릭스에 의하면 "충격을 주는 가르침은 머리에서 머리로가 아니라 마음에서 마음으로 전달된다"고 하였다.

그런데 많은 사역자들이 말씀을 가르치는데 있어서 논리적인 면에 신경을 많이 쓴다. 내용을 잘 전달하고 이성적으로 논리적으로 차근차근 설명하는 것 중요하게 생각한다. 그런데 감정적인 요소는 의외로 도외시 하는 경우가 많은 것 같다. 그러나 사람이 결정을 하는데 있어서 감정은 너무나 중요하다.

그러므로 가르칠 때 감정의 요소도 잘 고려해야 한다. 유명한 성격 유형 검사인 MBTI 검사를해 보면 절반 정도는 사고형으로 나오고, 나머지 절반 정도는 감정형으로 나온다. 즉 이것을 무엇으로 이렇게 나누느냐 하면 머리로 결정하면 사고형이고, 가슴으로 결정하면 감정형이다. 즉 옳고 그른 것, 논리 혹은 이성을 따라 결정하면 사고형이고, 마음에 끌리는 것, 좋은 게 좋은 식으로 결정하면 감정형이다. 그래서 사고형에게는 원칙이 중요하고, 감정형에게는 사람이 중요하다.

그러므로 우리는 우리의 청중의 절반 정도는 감정형임을 잊어서는 안 된다. 그리고 요즘 청소년들의 추세는 감정형이 사고형보다 많게 나오고 있다. 그러므로 우리가 가르칠 때 지성 혹은 이성적인 요소에만 매달리면 안 된다. 즉 정보 전달에만 힘쓰면 안 된다. 절반 정도의 사람들은 머리가 아닌 가슴으로 결정하는 사람들임을 잊어서는 안 된다. 이들은 이해가 되는 것이 아니라 감동이 되어야 결정한다.

후배 목사와 이야기하다가 머리를 탁 치게 된 적이 있었다. 그 친구는 천성이 사고형으로 설교할 때도 본인의 스타일이 그대로 나왔다. 철저하게 준비해서 탁월하게 본문을 주해하고, 가급적 본문에 충실하려 하지만, 예화를 들 때도 수준 높은 좋은 글을 인용해서 설교의 논지를 탄탄하게 세워가는 그러한 스타일의 설교자였다. 그런데 그 후배가 이러한 고민을 털어놓은 적이 있었다. 즉 자신은 정말 열심히 설교 준비를 하고, 정말 좋은 내용으로 설교를 하는데 많은 청중들이 설교시간에 존다는 것이었다. 그런데 반면에 그 교회에 감정형 목사가 하나 있는데 그 목사는 별 특별한 내용도 없이 처음에 웃긴 이야기 하나 하고 시작하여 적당히 성경 이야기하다가 나중에 자기 간증하면서 울었다고 한다. 그런데 갑자기 성도들 다 은혜 받았다 고 하더란다. 그래서 날 잡고 황당하지 않냐고 넋두리를 하는 것을 들어준 적이 있다. 그런데 그 후배 목사에게는 미안하지만 이러한 일이 실제로 많이 일어나는 일이다. 우리의 청중들 중에 많은 사람들이 감정형이다. 그리고 사고형 중에도 감정적으로 결정하는 사람들 많다. 그렇기에 내용이 이성적으로 다가오지는 않았다고 하더라도 감정적으로 터치가 되면 적극적으로 반응하게 되는 것이다.

사실 우리가 말씀을 가르치는 것의 목적이 무엇인가? 알기 위해서인가? 아니다. 물론 알기도 알아야 하지만 더욱 중요한 것은 사실 그 말씀대로 살기 위해서이다. 그렇기에 감정적인 부분에 신경을 써야 한다. 청중들이 들은 말씀에 결단하고 그대로 살도록 하려면, 감정적인 터치가 반드시 있어야 한다.

그러면 어떻게 해야 하는가? 어떻게 감정적으로 터치할 수 있는가? 말씀이 육신이 되셨듯이 우리가 전하는 내용이 성육신 되어야 하는데 한 가지만 팁을 드린다면 "이야기를 하면 된다."

사실 스토리텔링은 역사적으로 삶과 신앙이 전수되는데 있어서 가장 중요한 방법 중에 하나였다. 요즘 아프리카 부족들 사이에는 전통의 문화와 종교가 전수되는데 있어서 어려움을 겪는다고 한다. 그 이유를 들어보니 발달된 문명이 들어오면서 부모님 혹은 조부모님과 함께 하던 모닥불 앞에서의 스토리텔링 시간이 사라진 탓이라고 한다. 즉 예전처럼 저녁 시간에 어른들과 모닥불 앞에서 이야기를 나누며 시간을 보내는 것이 아니라 각 집마다 들어온 TV를 보면서 시간을 보내게 된 것이다. 이와 같이 이야기의 시간이 사라지게 되다 보니 전통의 신앙과 문화가 다음 세대에게 전수되는데 있어서 어려움이 생겼다는 것이다.

이 사실은 이야기가 얼마나 우리의 삶과 가르침에 중요한 역할을 하는지를 보여준다. 요즘은 과학기술의 발전으로 가르침의 환경 가운데 다양한 미디어가 많이 들어왔다. 그러나 영상으로 재미있는 것, 화려한 것 아무리 보여줘도 이야기가 재미없으면 말짱 꽝이다! 결국 중요한 것은 이야기이고, 결국은 이야기 싸움이다.

그러므로 교사들이나 설교자들은 이야기꾼들이 되어야 한다. 국어사전을 보면 이야기꾼을 "이야기를 썩 잘 하는 사람"으로 정의한다. 그런데 나는 개인적으로 이러한 정의를 가지고 있다. 이야기꾼이란 이야기로 그림을 그리는 사람. 즉 이야기를 통해 이미지를 보여주는 사람이다.

즉 이야기꾼이란 단순히 유머 감각을 가지고 이야기를 재미있게 하는 사람만을 이야기하는 것이 아니라 다양한 상징, 은유, 메타포 등을 사용해서 듣는 사람들의 머릿속에 환상적인 그림을 그려주는 사람이다.

예수님이야 말로 이야기의 대가셨다. 그리고 무엇보다 이미지를 사용하시는데 있어서 대가셨다. 그는 소금과 빛(마 5:13-14) 이야기를 통해 우리들이 세상에 영향력을 주는 사람들이 되어야 함을 말씀하셨고, 들의 백합화를 가리키시며(눅 12:27) 인간의 영화가 영원하지 못함을 이야기하셨다.

즉 이미지를 사용한 이야기를 통해, 학생들의 감성과 이성을 자극하여 “보이지 아니하시는 하나님의 형상”(골 1:5)이신 예수님을 만나고 응답하게 해야 한다. 이것이 바로 기독교사의 역할이다.

한 율법가가 예수님을 시험한 적이 있었다. 즉 “어떻게 해야 천국에 갈 수 있느냐”고 물은 것이다. 그러자 예수님께서는 다시 물으셨다. “넌 어떻게 생각해?” 그랬더니 그 사람은 “네 이웃을 네 몸과 같이 사랑하라”고 정답을 이야기하였다. 그러자 예수님께서는 쿨하게 “그럼 그렇게 하라”고 말씀하셨다. 그러자 그 율법사 끝까지 물고 늘어졌다. “도대체 누가 내 이웃이냐?”라고 물었던 것이다. 그랬더니 예수님께서는 이야기를 하나 해주셨는데 그 이야기가 바로 그 유명한 선한 사마리아인 이야기였다. 그리고 율법사는 그 이야기를 듣고 물러가게 된다. 이와 같이 우리의 청중들은 명령에는 도전 받기 힘들다. 그러나 스토리에는 도전 받는다. 그러므로 우리들은 탁월한 스토리텔러가 되어야 한다.

혹 '나는 스토리텔러가 아닌데 어떻게 하나' 하는 고민을 하는 사람이 있을 수 있다. 즉 자신은 이야기를 하는데 소질이 없다라고 느끼는 사람도 있을 수 있다. 이러한 사람들에게 한 가지 해결책을 제시한다면, "자신의 이야기를 하라"고 하고 싶다. 즉 누구나 탁월한 이야기꾼이라면 좋겠지만 그렇지 않은 것이 현실이고, 나 자신이 이야기를 하는데 소질이 없다고 느껴진다면 다른 사람의 이야기를 하는 것보다 자신의 이야기를 하는 것이 좋다.

가끔씩 젊은 설교자들이 설교하는 것을 듣다보면 마치 책을 읽는 것 같은 느낌을 받을 때가 있다. 물론 나쁜 의미로 그렇다. 즉 설교를 하면서 나름대로 많은 준비를 한다고 책에서 본 좋은 예화들, 이야기들을 집어넣어서 설교를 한다. 그런데 그 사람이 탁월한 이야기꾼이 아닐 경우, 남의 이야기, 남의 간증을 대신하게 되면 무언가 현실감이 없이 들리게 된다. 그래서 정말 책을 읽어주는 것 같은 느낌이 든다. 그렇지만 아무리 이야기에 소질이 없다고 할지라도 자신의 이야기, 자신의 간증을 이야기하다보면 달라진다. 즉 자신의 이야기를 할 때는 누구나 생동감 있게 하게 되기 마련이다. 왜냐하면 자기 자신이 바로 그 주인공이기 때문이다. 그러므로 자신이 이야기에 별로 소질이 없다고 느껴질 때는 다른 사람의 이야기, 어디에서 본 예화를 하기보다는 자신의 이야기를 하는 것이 훨씬 좋다.

그렇데 계속해서 감정적인 요소, 이야기, 이런 것들 강조하다 보니 내용은 부실해도 되고 감정이나 터치하라는 말로 들릴 수 있는데 그것을 의도하는 것은 아니다. 중요한 것은 그동안 도외시 되었던 감정적인 요소의 중요성을 깨닫자는 것이다. 그러므로 지성적인 요소와 감정적인 요소는 건강한 균형을 이루어야 한다. 그렇기에 하나님의 말씀을 있는 그대로 선포하고, 대신 마지막에 자신의 삶의 이야기를 통해 약간 감정적인 요소를 약간 터치하는 식으로 가면 좋을 것이다. 특히 설교나 가르침의 마지막에 이야기를 하는 것을 권하고 싶다. 전체의 내용도 훨씬 더 잘 정리될 것이고, 듣는 청중들에게 임팩트가 있는 도전을 줄 수 있을 것이다.

두 번째로 청중들에게 믿음을 주기 위해서는 내용에도 신경을 써야 한다. 즉 우선 정확한 내용을 전달해야 한다. 성경을 가르친다면, 그 본문이 말씀하는 바로 그 말씀을 전달해야 한다. 이것은 아주 기본인데 기본도 지키지 않는 사람을 종종 보게 된다. 그리고 더 나아가 내용을 전달할 때 종종 명칭(지명, 용어, 사람 이름 등)을 틀리게 이야기하는 사람이 있는데 그럴 경우 말하는 사람의 신뢰도가 확 떨어지게 된다. 물론 실수이겠지만 그러한 작은 실수가 반복된다면 그것은 실력으로 봐야 한다. 또한 설교 시간이나 가르치는 시간에 함께 보여주는 PPT 등에 맞춤법이 틀리거나 내용이 잘못되는 경우도 종종 있는데 이 역시 메시지를 전하는 사람의 신뢰도를 굉장히 많이 깎아 먹는다. 그런 것 하나도 제대로 전달 못하는 사람의 이야기가 믿어질 리가 있는가? 그러므로 정확한 내용을 잘 전달하기 위해 노력해야 한다.

세 번째로 청중들에게 믿음을 전달해 주기 위해서는 비언어적 커뮤니케이션에도 많은 신경을 써야 한다. 예일 대학에서 연구한 바에 의하면 전하는 사람의 메시지가 언어적 커뮤니케이션(말 혹은 글)으로는 35%, 그리고 비언어적 커뮤니케이션(어조, 태도, 표정, 신체의 움직임 등)으로는 65%가 전달된다고 한다. 즉 우리 입에서 나오는 말보다 의외로 입에서 나오지 않는 비언어적 커뮤니케이션의 요소가 훨씬 중요하다.

남녀 간에 서로 싸운 다음에 화해한다고 생각해 보자. 서로 자신의 주장을 치열하게 주고받다가 한 쪽에서 (주로 남자가) 그래도 화해해야겠다는 생각이 들었는지 툭 내뱉는다. "미안해!" 그런데 그 말에 마음이 담기지 않는 경우가 종종 있다. 즉 누가 들어도 퉁명스럽고 짜증난다는 어조로 "미안해!" 이렇게 이야기한다고 생각해 보자. 그러면 상대방에게 어떠한 메시지가 전달이 되는가? 분명히 언어적으로는 미안하다는 메시지를 전달했다. 그러나 비언어적으로는 미안하다는 메시지가 전달이 되는 것이 아니라 "짜증 나!" "그만 해!" "이제 지쳤어!" 이런 메시지가 전달이 된다. 즉 우리가 전달하는 말이 우리가 그 말을 할 때의 태도에 따라서 믿어지기도 하고 믿어지지 않기도 한다.

좀 더 극단적인 예를 들어 보자. 어떤 아주머니가 길을 건너고 있는데 커브길 저편에서 트럭이 달려오고 있어서 그 아주머니가 차에 치일 것 같은 상황이다. 그래서 아주머니에게 이야기를 해주려고 한다. 그 때 어떻게 이야기를 해야 할까?

"저 아주머니, 안녕하세요? 저는 ooo입니다. 혹시 아실지 모르겠지만... 저기 커브길 저편에서 커다란 트럭이 빠른 속도로 아주머니를 향해 마구 달려오고 있습니다. 그냥 이대로 길을 건너시면 앞으로 몇 초 후에 그 트럭이 아주머니를 칠 것 같습니다. 그러니 빨리 몸을 피하시기를 간곡하게 부탁드립니다."

이렇게 공손하고 예의바르게, 그리고 아주 천천히 그 아주머니에게 이야기했다고 치자 그 아주머니가 어떠한 반응을 보일까? 나는 분명히 사실을 전했다. 그리고 핵심적인 내용이 하나도 빠지지 않았다. 그러나 그 아주머니가 내 말을 믿어주겠는가? '에이 그게 무슨 소리야?' '허참 멀쩡한 사람이 농담도 잘 하네' 그렇게 생각할 것이다. 내가 전달한 말은 하나도 틀린 말이 없지만 내 어조가 믿음을 주지 못한 것이다. 즉 비언어적인 커뮤니케이션이 적절하지 못하다 보니 언어적 커뮤니케이션도 믿음을 주지 못하는 것이다.

이런 상황에서는 어떻게 하는가? 목에 핏대가 서서 "아주머니!!!" 소리 질러야 한다. 혹시 침이 튀고, 말이 잘못 나오고, 그러더라도··· "아주머니!!! 저.. 저... 비켜요! 위험합니다!!!" 이렇게 긴급한 목소리와 어조로 소리를 질러야 한다. 그래야 내가 전하려고 하는 메시지가 전달이 되고 듣는 그 아주머니가 내 말이 사실이라고 믿는다. 언어적인 메시지와 비언어적인 메시지가 일치되어야 내 말이 사실이라고 믿고, 혹시라도 언어적으로는 제대로 전달이 안 된다고 할지라도 비언어적으로 확실하게 표현이 되면 화자의 메시지가 확실히 전달이 된다.

그런데 우리가 하나님의 말씀을 전하는데, 열정도 하나 없고, 눈물도 없고, 무미건조하게 전한다고 생각해 봐라. 전하는 내용은 다 사실이다. 그리고 그 말씀은 능력 있는 하나님의 말씀이다. 그러나 학생들에게 그 말씀이 제대로 전달이 안 될 수 있다. 그렇게 중요한 이야기로 받아들여지지 않을 수 있고, 심지어 아이들이 그 말씀을 믿지 않을 수도 있다.

그러므로 신나는 이야기를 할 때는 나도 신나게 이야기해야 하고, 예수 그리스도의 십자가 사랑과 희생을 이야기를 할 때는 나도 눈물을 철철 흘리며(애들 뭔지도 모르고 은혜 받는다) 이야기할 수 있어야 한다. 가르치는 내용 중 가장 중요한 부분에서는 단호하고 힘 있게(그렇다고 처음부터 끝까지 다 크고 계속 소리 지르라는 이야기는 아니다) 전달해야 한다.

이와 같은 비언어적 커뮤니케이션에 신경을 많이 써야 한다. 항상 어조를 잘 조절하라. 다양한 음량과 억양과 속도로 전달할 수 있어야 한다. 발음은 늘 분명해야 한다.

또한 우리의 몸의 움직임에도 신경을 쓰라. 일단 하지 말아야 할 것이 있다면 성경책, 혹은 교안만 붙잡고, 그것만 들여다보고 있는 태도이다. 이건 정말 고칠 필요가 있다. 자연스럽게 아이들과 시선을 교환하면서 최대한 자연스럽게 몸의 움직임을 사용하라. 그렇다고 몸의 움직임이 너무 많은 것도 좋지는 않다. 결국 제대로 하기 위해서는 자기 자신이 가르치는 것을 직접 볼 필요가 있다. 영상을 찍든, 거울 앞에서 연습해 보든 간에 자기 자신의 모습을 꼭 모니터 해보라. 눈에 거슬리는 움직임이 반드시 있을 것이다. 또한 부자연스러운 동작도 발견하게 될 것이다. 하나하나씩 고쳐 나가야 한다.

그리고 교사로서 외모는 항상 단정하고 믿음을 줄 수 있어야 한다. 항상 우리가 전달하는 메시지의 55%는 우리의 모습을 통해 전달된다는 사실을 잊어서는 안 된다. 그렇다고 단순히 옷을 예쁘게 입고 머리를 예쁘게 단장하라는 것이 아니다. 학생들이 교사의 말에 신뢰를 할 수 있도록 외모를 단장하라는 것이다.

가끔씩 교사 세미나를 가게 되면 이 이야기를 꼭 해 준다. 사람들이 외모를 보는 것은 성경적이다. 그렇지 않은가? 누구나 사람이라면 겉으로 드러나는 외모를 보게 되어 있다.

삼상 16:7의 말씀을 보면 하나님께서 이렇게 말씀을 하신다. "여호와께서 사무엘에게 이르시되 그의 용모와 키를 보지 말라 내가 이미 그를 버렸노라 내가 보는 것은 사람과 같지 아니하니 사람은 외모를 보거니와 나 여호와는 중심을 보느니라 하시더라" 여기에서 중요한 구절은 이것이다. 사람은 무엇을 본다고? 그렇다. 외모를 본다. 즉 사람은 하나님이 아니기에 중심을 보는 것이 아니라 겉으로 드러나는 외모를 본다. 그러므로 사람이 외모를 보는 것은 성경적이라고 할 수 있다.

그러므로 우리의 학생들이 메시지를 전하는 사람의 외모를 보는 것은 너무나 당연한 일이다. 겉으로 드러나는 옷차림과 표정, 머리 모양 하나하나까지 단정하여 자신이 하는 말을 믿음으로 받아들일 수 있도록 신경 쓰는 자세가 필요하다.

마지막으로 청중들에게 믿음을 줄 수 있으려면 메시지를 전하는 사람의 삶이 그 메시지를 뒷받침 해 줄 수 있어야 한다. 예를 들어 이런 게 말이 될지 생각을 해 보자. "물에 빠져 죽은 수영 강사" 이게 말이 될까? 물론 사고를 당하거나 변수가 많이 있을 수도 있지만 기본적으로 수영 강사가 수영을 못해서 물에 빠져죽는 일은 생기지도 않고 생겨서도 안 된다. 생각해 보라. 수영을 못하는 수영강사 라니 얼마나 말이 되지 않는 말인가?

그런데 이와 같은 일이 하나님의 말씀을 가르치는 사람들에게는 생길 수 있다. 즉 그 사람은 하나님에 말씀에 순종하지 않으면서도 학생들에게는 순종하라고 가르칠 수 있다. 그러나 정말 학생들에게 믿음을 줄 수 있으려면 교사나 설교자가 하는 말뿐만 아니라 삶이 그 전하는 말을 뒷받침 할 수 있어야 한다. 그래야 그 사람이 하는 말이 신뢰가 간다. 그래야 믿을 수 있게 되고 그 믿는 대로 행할 수도 있게 되는 것이다.

그래서 후배 사역자들에게 이런 권면을 하고는 한다. 학생들에게는 허언을 하거나 지키지 않을 약속을 해서는 절대 안 된다고 이야기한다. 즉 하나님의 말씀을 가르치는 사람은 평소에도 그 말에 허언이 있는 것은 좋지 않다. 가끔씩 학생들과 친한 선생님 같은 경우는 학생들과 농담을 많이 하고, 그러는 가운데 사실이 아닌 이야기를 하거나 너무 지나치게 사실을 부풀려서 이야기하는 사람을 종종 본다. 또 학생들이랑 한 약속을 툭하면 지키지 않거나 잊어버리는 사람도 종종 본다. 하나님의 말씀을 가르치는 교사가 이렇게 평소에 하는 말이나 행동이 믿음직스럽지 못하다면 그 사람이 가르치는 말씀 역시 믿어지지 않게 되기 마련이다. 그 선생님이 하는 말에는 왠지 신뢰가 안 가는 것이다. 그러므로 평소에 하는 말과 행동 하나하나까지 조심하는 모습이 있어야 한다.

제4장
기억

1. 조건: 학생들이 메시지를 기억하는가?

이번 조건 역시 학생들이 들은 메시지를 실천하는 데 있어서 절대적으로 중요하다. 즉 학생들이 들은 메시지를 그들의 삶의 자리 가운데에서 기억해 낼 수 있는가? 하는 것이다. 많은 학생들이 교실 문, 혹은 교회의 문을 나서면서 그 주일에 배운 말씀을 잊어버린다.

UC Irvine 에서 심리학을 가르치는 Thomas Crawford와 그 동료들은 12개 교회를 선정하여 인종 문제와 관련하여 불의에 반대하는 설교를 하게 하고, 설교 직전과 직후 각각 두 차례에 걸쳐 해당 교회에 출석한 성도들의 가정을 방문하여 인터뷰를 하였다.

조사자들은 설교 직후에 두 번째 인터뷰를 실시하면서 첫 번째 인터뷰 이래로 인종 간의 편견이나 인종 차별과 관련하여 무언가 듣거나 읽은 게 있는지 물어보았다. 즉 그 설교가 인종 편견에 대한 그들의 태도에 영향을 미쳤는가의 여부를 묻는 건 잠시 접어두고 단지 그 사람들이 설교를 들은 사실을 기억하는지 여부만을 물었다.

답은? 심각했다.

그런 설교가 있었다는 것을 기억해 낸 사람은 10%의 사람들뿐이었다. 나머지 90%에게 설교자가 직접 "지난 두 주 동안에 편견이나 차별을 주제로 설교를 들은 적이 있는지" 물었더니 그런 설교를 듣지 않았다고 한 사람이 30%를 넘었다. 이게 요즘 교회에서 일어나고 있는 일반적인 현상이다.

그런데 한 번 생각해 보라. 생각도 나지 않는 말씀을 어떻게 적용하고 실천할 수 있을까? 그러한 말씀을 들었다는 사실조차 기억이 나지 않는다면 학생들이 그 들은 말씀에 의해 삶이 변하고 생각이 변하는 것은 요원한 일이 될 것이다.

2. 해법: 학생들이 메시지를 기억하도록 도와주라!

그러므로 학생들이 자신들이 들은 메시지를 그대로 삶 가운데 적용하고 실천하게 하려면 그 들은 메시지가 그들의 치열한 삶의 현장 가운데에서도 기억이 나야 한다. 그만큼 학생들의 머릿속에 깊게 남는 메시지가 되어야 한다.

그렇다면 어떻게 하면 학생들이 들은 메시지를 오래 기억할 수 있을까? 인지주의 학습이론에서 주로 다루어지고 있는 정보처리 이론(information processing theory)에 의하면 사람의 단기기억에서 장기기억으로 전환되기 위해서는 시연과 부호화 같은 전략이 필요하다. 시연은 특정한 정보를 다시 반복해서 떠올리는 과정을 통해 암기하는 것을 뜻하고, 부호화라는 것은 어떤 목록의 앞글자만 떼어 내어 외우는 식으로 암기를 하는 전략이다.

그런데 이러한 방법들은 설교나 가르침의 상황 가운데 사용되기 어렵다. 즉 설교를 하다가 그 내용을 반복해서 이야기하는 것 정도는 어느 정도 가능할 수 있으나 설교의 내용을 계속 반복시켜 암기하게 하거나 중요한 내용의 앞글자만 따서 외우게 하는 것은 거의 사용되지 않는다. 그러므로 학생들이 한번 들은 메시지를 오래 기억하기 위해서는 다른 전략이 필요하다.

그런데 답이 아주 없는 것은 아니다. 우리 머릿속에 오랜 기간 정보를 저장할 수 있는 장기기억이라는 것이 있는데 이 장기기억 중에는 일화기억(episodic memory)이라는 것이 있다. 이는 개인의 경험에 대한 기억으로 우리가 보고 들은 것을 마치 영화의 한 장면처럼 기억하는 것이다. 사실 많은 사람들에게는 그들의 인생에 있어서 중요한 순간들이 있을 것이다. 졸업식이나 입학식, 축제나 결혼식 등 자신에게 있어서 의미 있는 기억들이 있다. 그런데 그와 같은 기억들을 묘사하라고 한다면 사람들은 눈에 보이는 장면뿐만 아니라 소리, 혹은 냄새, 그리고 자신이 느꼈던 감정까지 그대로 떠올리고는 한다. 이는 어떠한 경험을 통해 생성된 심상이 기억에 대단히 중요한 역할을 한다는 것을 알려준다.

그러므로 학생들이 메시지를 오래 기억하도록 하기 위해 이러한 심상을 사용하는 것이다. 즉 메시지를 어떠한 분명한 심상과 연결하여 제시하게 되면 나중에 그 심상을 떠올리는 것을 통해 메시지를 함께 떠올릴 수 있도록 되는 것이다. 이러한 목적을 위해 메타포(metaphor)를 사용하는 것은 아주 효과적일 수 있다.

메타포(metaphor)는 직유법과 대조되며 암유(暗喩)라고도 한다. 원관념은 숨기고 보조관념만 드러내어 표현하려는 대상을 설명하거나 그 특질을 묘사하는 표현법이다. 즉 쉽게 이야기하면 우리가 잘 알고 있는 것, 좀 더 구체적인 것으로 잘 모르는 것, 혹은 좀 더 추상적인 개념을 표현하고 설명하는 것이다.

메타포라고 하니 약간 낯설게 들리는 것 같은데 사실 성경이야 말로 이러한 메타포로 가득한 책이다. 하나님께서는 어리석은 우리 인간들에게 어렵고 추상적인 개념을 설명하시기 위해 우리 인간들에게 익숙한 여러 가지 상징을 통해 말씀하셨다.

신명기 32:4

"그는 반석이시니 그가 하신 일이 완전하고 그의 모든 길이 정의롭고 진실하고 거짓이 없으신 하나님이시니 공의로우시고 바르시도다"

시편 23:1

"여호와는 나의 목자시니 내게 부족함이 없으리로다"

이사야 64:8

"그러나 여호와여, 이제 주는 우리 아버지시니이다 우리는 진흙이요 주는 토기장이시니 우리는 다 주의 손으로 지으신 것이니이다"

요 6:35

"예수께서 이르시되 나는 생명의 떡이니 내게 오는 자는 결코 주리지 아니할 터이요 나를 믿는 자는 영원히 목마르지 아니하리라"

요 9:5

"내가 세상에 있는 동안에는 세상의 빛이로라"

계 19:7

"우리가 즐거워하고 크게 기뻐하며 그에게 영광을 돌리세 어린 양의 혼인 기약이 이르렀고 그의 아내가 자신을 준비하였으므로"

성경은 하나님은 반석, 아버지, 목자, 요새, 토기장이, 생명의 떡, 세상의 빛 등으로 설명하고, 또한 우리들은 진흙, 양, 아내, 소금과 빛 등의 이미지로 설명하신다. 무슨 이야기인가? 인간들이 하나님과 우리 자신에 대해서 더 잘 알 수 있도록 인간들에게 익숙한 이미지와 상징들을 사용하셔서 가르치신 것이다.

하나님이 인간들을 위해 이렇게까지 하셨다면, 우리 역시 그렇게 하는 것이 마땅하지 않을까? 우리도 최대한 쉬운 개념과 이미지들을 가지고 어려운 영적 원리를 쉽고 기억하기 좋게 풀어주는 노력들이 필요한 것이다. 이제 이 메타포를 이용해 설교하는 예를 들기 위해 부활절 설교로 준비했던 원고 중 일부를 소개하겠다. 설교의 제목은 "Buzzer Beater"이다.

예전에 로또복권 처음 나왔을 때 광고 문구로 삼았던 말이 있다. "인생역전"

지금까지 구질구질하고 어렵게 살던 삶을 이 복권 하나로 한 방에 역전하자는 문구였는데, 사람들에게 깊은 인상을 남겼고 그래서 많은 사람들이 복권을 사면서 인생 역전을 꿈꾸고는 했다.

그런데 정말 우리의 인생이 역전된다면 어떨까? 지금까지 어려웠던 것, 힘들었던 것, 모든 것들이 사라지고 하나님이 주시는 은혜로 새롭게 내 삶이 변화되고 기쁨과 소망과 감사가 넘치는 그러한 삶으로 역전된다면 얼마나 좋을까?

[농구공 보여주면서] 사실 농구 하는 것도 좋아하고 보는 것도 좋아한다. 농구는 참 재미있는 운동이다. 하는 것도 재미있고, 보는 것도 재미있다.

그런데 이 재미있는 농구 중에서도 가장 관객들을 흥분시키고 감동을 주는 플레이가 있다. 그것이 무엇일까? 덩크슛? 3점 슛? 물론 그러한 것들도 다 멋지기는 하지만 아마 가장 드라마틱한 것은 오늘의 설교 제목인 Buzzer Beater일 것이다.

오늘의 설교 제목이 좀 낯설 수 있다. Buzzer Beater… 이게 무엇인가? Buzzer Beater란 경기 종료 버저가 울림과 동시에 골인되면서 경기를 역전시키고, 승부를 결정짓는 그런 슛을 의미한다. 즉 마지막 순간에 일어나는 극적인 역전 승리를 의미하는 것이다.

이제는 끝났다는 생각이 든다. 이미 승패는 결정되었고, 우리 팀은 패배했다는 생각이 든다. 한 쪽에서는 관중들이 실망하여 떠나간다. 같은 편의 후보 선수들도 슬슬 짐을 싼다. 1초, 2초 시간은 흘러가고 시간이 절대적으로 부족하다. 가망이 전혀 없어 보인다. 그런데 종료 버저와 거의 동시에 던진 슛이 상대편의 골대를 관통한다. 역전 슛이다. 너무나 극적인 승부다. 진 걸로 생각했던 게임이 너무나 멋진 역전승으로 끝이 난다. 이게 바로 Buzzer Beater이다. 잘 안 와 닿을 수 있으니 직접 영상으로 어떤 것인지 보도록 하겠다.

[영상 자료 소개: Buzzer Beater 영상 보여주기]

무슨 설교는 안 하고 농구 얘기에, 순 Buzzer Beater 얘기냐 이런 생각할 사람이 있을 것이다. 그러나 이게 바로 오늘 설교의 가장 중요한 포인트다. 오늘 계속해서 설명한 이 Buzzer Beater 라는 것은 예수님의 부활을 너무나도 잘 설명해 주는 것이다. 즉 예수님의 부활은 한 마디로 Buzzer Beater라고 할 수 있는 것이다.

그토록 놀라운 능력으로 병자들을 치료하시고, 수많은 사람들을 먹이셨던, 또 늘 하나님 나라의 놀라운 가르침을 주시던 주님께서는 아무런 저항없이 십자가에 달리신다. 로마 군병의 채찍질에도 아무 저항이 없으셨고, 두 손과 발이 못 박히시는 데도 아무 저항이 없으셨다. 그리고 십자가에서도 그 어떤 기적도 일으키시지 않고 그대로 돌아가신다.

이는 너무나 허무한 일이었다. 호산나 다윗의 자손이여 하며 찬송했던 사람들은 저주와 욕을 퍼부었고 제자들은 두려워서 다 도망가버렸다. 예수님을 십자가에 못 박기 위해 계략을 세웠던 대제사장들과 서기관들은 승리감에 도취되었고, 예수님을 따르고 그를 메시야로 생각했던 사람들은 완전히 실망해 버렸다.

모든 사람들이 다 끝났다고 생각했다. 그리고 예수님은 철저한 실패자가 되어 버렸다. 그의 3년간의 모든 사역도 실패한 사역이 되어 버렸다. 예수님은 자신의 제자에게 배신당한 불쌍한 사람이 되어 버렸다. 모든 것이 수포로 돌아가는 것이었고, 모든 사람들이 한 날의 꿈이구나 하며 절망해 버렸다.

그러나 그것이 끝이 아니었다. 주님께서는 오늘 부활의 아침에 예언하신대로 3일 만에 죽음의 권세를 깨뜨리시고 부활하신다. 이 부활의 아침에 승패를 뒤집어 버리는 역전의 Buzzer Beater 를 성공시키신 것이다. 예수님의 사역은 실패가 아니었다. 대성공이었다. 하나님의 뜻대로 모든 것을 이루신 것이다. 인류 역사상 가장 극적인 역전 드라마였다.

본문에도 이러한 흥분감이 들어 있는 것 같다. 고전 15장 20절을 함께 읽어보자. "그러나 이제 그리스도께서 죽은 자 가운데서 다시 살아나사 잠자는 자들의 첫 열매가 되셨도다"

그렇다. "그러나" 이다. 바울이 이 "그러나"라는 단어를 사용하면서 그 마음이 얼마나 흥분되었을까? 머릿속으로는 인류 역사상 가장 멋진 역전의 드라마인 예수님의 부활을 생각하면서 이 글을 썼을 것이다. 예수님의 부활로 모든 것이 끝났다고 생각했다. 그러나... 그러나... 그러나... 그게 끝이 아니었다. 주님께서는 죽은 자 가운데서 살아나셨고 오히려 잠자는 자들의 첫 열매가 되셨다.

또한 그 뿐만이 아니었다. 24-26절을 읽어보자.

"그 후에는 마지막이니 그가 모든 통치와 모든 권세와 능력을 멸하시고 나라를 아버지 하나님께 바칠 때라 그가 모든 원수를 그 발 아래에 둘 때까지 반드시 왕 노릇 하시리니 맨 나중에 멸망 받을 원수는 사망이니라"

그렇다. 예수님은 사망 권세에 패배하신 것처럼 보였다. 죽음에는 예수님도 어쩔 수 없는 듯 보였다. '사망의 권세에 잡혀 무덤에서 그들의 종노릇 하는 것이 아닌가' 이렇게 생각이 되었다. 그러나 그것이 아니었다. 예수님께서는 다시 살아나셨고, 다시 살아나신 것뿐만이 아니라 모든 정사와 모든 권세와 능력을 멸하실 것이고, 모든 원수를 그 발 아래 둘 때까지 왕노릇 하실 것이다.

놀랍지 않은가? 어마어마한 역전이다. 다 끝났다고 생각했던 승부를 뒤집어 버리셨다. 다 실패했다고 생각했고, 다들 실망했고, 뿔뿔이 흩어져 버렸지만 예수님께서는 이 부활의 아침에 이 승부를 완전히 뒤집어 승리로 이끄신다.

그렇다면 이 놀라운 역전의 드라마인 주님의 부활의 우리에게 의미하는 것이 무엇인가?

[우리도 주님과 함께라면 역전할 수 있다는 것이다]

(중략)

이와 같이 예수님의 부활이라는 어떻게 보면 이해하기 어려운, 믿기 힘든 추상적인 주제를 설명하기 위해 우리가 비교적 잘 알고 있거나, 혹은 쉽게 알 수 있는 주변의 소재들을 이용해서 설명하는 것이다. 이렇게 할 경우 청자들은 훨씬 더 어려운 개념을 쉽게 이해할 수 있을 뿐 아니라 그것을 오래 기억한다.

이 Buzzer Beater에 대한 설교도 설교를 들은 지 몇 년이 지난 후에도 사람들의 입에 오르내릴 정도로 인상 깊었다고 한다.

또 하나의 예를 들어 보겠다. 역시 부활주일을 위해 준비된 설교인데, 이번에는 예수님의 부활 사건을 나비의 모습을 통해 설명해 보고자 기획했다. 이번 설교는 어린이들을 위한 설교로, 필자가 섬기는 교회는 부활절 연합 예배 때 어린아이부터 어른들까지 함께 예배를 드리는 데 설교의 앞부분은 어린이들을 위한 설교로, 그리고 그 뒷부분은 어른들을 위한 설교로 진행하였다. 그 설교의 내용 중 어린이들을 위한 부분을 우선 소개한다.

[드라마 - 꽃들에게 희망을]

할렐루야! 예수님 부활하셨습니다. 우리 어린이 친구들 방금 드라마 재미있게 보았나요?

방금 함께 본 드라마는 트리나 폴러스(Trina Paulus)가 쓴 〈꽃들에게 희망을, Hope for the flowers〉이라는 그림책을 그 기초로 한 드라마입니다. 나중에 애벌레가 나비가 되는 장면이 정말 멋지죠?

사실 오늘은 우리 교회 역사에서 가장 중요한 날을 축하하는 예배를 드리기 위해 한 자리에 모였어요. 어른들이랑 함께 예배드리니 좋아요? 네 좋습니다. 오늘은 예수님께서 우리 죄를 위해 십자가에서 죽으셨다가 3일 만에 죽은 자 가운데서 다시 살아나신 날이에요. 사실 이전에 이 예수님의 부활에 대해 많이 들어봤지요?

최초의 부활절 아침, 세 명의 여인들은 예수님이 장사되신 무덤에 찾아갔습니다. 그 무덤은 바위를 파서 만든 무덤으로 군인들이 돌을 굴려 무덤문을 막아둔 상태였습니다. 그래서 세 명의 여인들은 그 무덤으로 찾아가면서 어떻게 우리 여자들이 그 돌을 굴릴 수 있을까 고민하면서 무덤으로 갔습니다.

그런데 그녀들은 깜짝 놀랄 수밖에 없었습니다. 우선 그 무덤을 막고 있던 커다란 돌이 이미 굴려져 있었고, 무덤의 문이 활짝 열려 있었습니다. 놀라서 무덤에 들어가 보니 한 천사가 무덤에 앉아 있었는데 그 천사는 이렇게 이야기했습니다. 예수님은 다시 살아나셨고 여기 계시지 않는다고 말이에요. 그녀들은 너무 놀라 무덤에서 도망쳤고, 너무 무서운 나머지 아무에게 아무 말도 하지 못했답니다. 물론 예수님께서는 생전에 그가 죽으실 것과 다시 살아나실 것을 말씀하셨지만, 그 일이 실제로 일어나게 되자 너무 놀라 그 사실을 받아들이지 못했던 거에요. 하지만 곧 정말로 다시 살아나신 예수님을 만나게 되었고, 그가 부활하신 것을 믿게 되었답니다.

바로 이 부활의 놀라운 이야기가 오늘 우리가 함께 본 애벌레 이야기가 조금 비슷한 부분이 있답니다. 만약 여러분들이 집에 애완용 애벌레를 기른다고 생각해 봅시다. 애벌레는 열심히 이파리를 먹고 자라다가 어느 날 고치를 만들어 나무 가지에 매달리게 됩니다. 아마 여러분들은 너무 신기해서 한참을 쳐다볼 거예요.

그런데 몇 날 며칠을 쳐다봐도 아무 일도 일어나지 않을 겁니다. 아마 여러분들은 이 애벌레가 죽었다고 생각할 거예요. 어쩌면 아끼던 애벌레가 죽어서 슬프고 마음이 아플 수도 있답니다. 그러나 어느 날 여러분들은 보게 될 거에요. 죽은 것처럼 꼼짝하지 않고 있던 고치가 열리고 그 안에서 아름다운 나비가 나와 날아다니는 것을요.

이 애벌레가 고치가 되어 죽은 것처럼 있다가 나비가 되는 것은 예수님의 죽음과 부활을 생각나게 합니다. 마치 고치가 된 것처럼 예수님은 3일 동안 무덤에 갇히셨지만 결국 고치를 찢고 나비가 나온 것처럼, 그 분도 사망과 죽음을 이기시고 영광스러운 부활의 몸으로 다시 살아나셨답니다. 이제 결코 죽지 않으실 거예요. 할렐루야!!!

사실 부활이라는 사건은 어린 아이들이 이해하기 너무나 어려운 사건이다. 왜냐하면 아직 예수님 외에 그 어떤 생명도 죽었다가 다시 살아난 일이 없기 때문이다. 그래서 비슷한 상징들을 사용해서 아이들에게 부활절을 설명하곤 한다. 대표적으로 이러한 상징이 뭐가 있을까? 그렇다. 바로 부활절 달걀이다. 죽은 것처럼 있던 달걀에서 새로운 생명이 탄생하는 것, 이것으로 부활절을 설명하기도 한다. 그리고 이 달걀과 함께 부활절의 상징으로 사용되는 것이 바로 이 나비이다.

그래서 그 때 설교도 나비를 주제로 설교를 했고 부활절의 모든 컨셉을 나비로 잡았다. 주보에도 나비를 색칠할 수 있는 페이지를 특별히 넣고, 예배를 마치고 밖으로 나가면 어린이들이 나비를 직접 만들어도 보고, 날려도 보고, 사진도 찍는 등 부활의 의미를 다시 생각할 수 있는 코너들을 준비해 하려고 하였다. 부모님들도 아이들과 함께 즐거운 시간을 보내고 아이들은 준비된 각 코너들을 방문해서 이 나비의 상징을 통해 부활의 참된 의미를 다시 한번 복습하는 정말 평생 잊지 못한 좋은 신앙교육의 기회로 삼으려고 했다. 그 당시 사정에 의해 실제로 구현되지는 못했지만 상당히 의미 있는 기획이었다.

그런데 이 나비의 이야기는 어린 아이들을 위한 설교에만 사용되지 않았다. 어른들을 위한 설교에서는 '나비효과(butterfly effect)'라는 메타포를 이용해 부활을 설명하고 또 도전하였다.

자 지금까지 우리들은 나비의 이야기로 예수님의 부활에 대해 설명했습니다. 그런데 이 나비의 이야기는 우리 아이들에게만이 아니라 우리 모든 어른들, 장년 성도들에게도 예수 그리스도의 부활에 대한 굉장히 중요한 가르침을 주십니다.

여러분, 나비 그러면 어떤 말들이, 어떤 단어들이 떠오르시나요? 여러 가지가 있겠지만 저는 나비라고 하면 나비효과(butterfly effect)라는 말이 생각이 납니다. 이는 나비의 날개 짓처럼 작은 변화가 폭풍우와 같은 커다란 변화를 유발시키는 현상을 말합니다. 말하자면, 오늘 서울에서 공기를 살랑이게 한 나비의 날개 짓이 다음 달 북경에서 폭풍우를 몰아치게 할 수 있다는 것입니다.

사실 이 나비효과는 1963년 미국의 기상학자인 에드워드 로렌츠가 컴퓨터로 기상을 모의 실험하던 중 초기 조건의 값의 미세한 차이가 엄청나게 증폭되어 판이한 결과가 나타난 것을 발견하면서 알려지게 되었습니다. 즉 처음의 미세한 작은 차이가 나중에 엄청나게 증폭되어 완전히 다른 결과를 낳을 수 있다는 것이 바로 나비효과라는 것입니다. 그런데 이 나비효과라는 말 역시 예수님의 부활을 너무나도 잘 설명하는 상징입니다.

고전 15:20-22절의 말씀은 예수님의 부활이야 말로 모든 인류의 역사를 바꾸어 놓을 수 있는 진정한 나비효과임을 말씀하신다. 본문의 말씀을 다시 한번 읽어보겠습니다. "그러나 이제 그리스도께서 죽은 자 가운데서 다시 살아나사 잠자는 자들의 첫 열매가 되셨도다 사망이 한 사람으로 말미암았으니 죽은 자의 부활도 한 사람으로 말미암는도다 아담 안에서 모든 사람이 죽은 것 같이 그리스도 안에서 모든 사람이 삶을 얻으리라"

사실 우리 모든 인간은 아담의 범죄 이후로 모두 죽을 수밖에 없는 원죄와 자범죄의 속박에 매이게 되었습니다. 아담 한 사람의 범죄로 모든 인간이 죽음의 길을 가게 된 것입니다. 이 역시 나비효과입니다.

그러나 오늘 본문은 우리에게 주어진 나비효과가 아담이 일으킨 죽음의 나비효과만이 있다고 말씀하시지 않습니다. 사도 바울은 그리스도가 죽은 자 가운데서 부활하셔서 모든 부활의 첫 열매가 되셨고, 그로 말미암아 그 안에 있는 모든 사람들은 삶을 얻는다고 말씀하고 계십니다. 2000년 전 예수님께서 하나님의 뜻에 순종해 십자가에 죽으셨다가 3일 만에 다시 살아나신 이 놀라운 사건으로 인해 그를 믿는 모든 사람들이 다시 삶을 얻게 된 것입니다.

(중략)

즉 예수님의 부활사건을 예수님 한 사람의 순종의 사역으로 말미암아 그를 믿는 모든 사람들이 삶을 얻게 되는 생명의 나비효과로 설명한 것이다. 이렇게 설명하게 되자 부활에 대한 또 다른 선명한 이미지를 사람들이 갖게 되었다. 그리고 계속 이어지는 설교를 통해 우리 모두가 복음의 나비효과가 되어 주님의 죽으심과 다시 사심을 전해야 함을 도전하였다.

그리고 결론 부분에서는 토마스 선교사의 이야기로 도전하였다. 1866년 대동강에서 순교한 토마스 선교사의 모습은 사실 아무 것도 못하고 죽은 안타까운 희생이라고 생각할 수도 있다. 아무에게도 복음을 전하지 못했고, 아무 열매도 없이, 그저 성경 몇 권 전해주고 죽고만 안타까운 희생이라고도 생각할 수도 있다. 그러나 그의 죽음과 그가 죽으면서 남긴 세 권의 성경은 놀라운 나비 효과가 되어 평양 최초의 교회가 세워지는 기초가 되었을 뿐 아니라 우리 민족 전체의 영적인 흐름을 뒤바꿔 놓은 평양 대부흥 운동의 씨앗이 되었다고 한다. 정말 놀라운 복음의 나비효과가 아닐 수 없다. 이러한 복음의 나비효과가 되어 우리 모두 살아가자.

이와 같이 복잡한 원리나 개념들을 우리가 잘 알고 있거나 쉽게 이해할 수 있는 것들로 설명하는 것을 메타포라고 하는데, 이는 이해도 쉬울 뿐 아니라 무엇보다 오래오래 기억에 남게 되는 효과가 있다.

이렇게 메타포를 잘 사용하려면 성경의 영적 원리를 찾고 그것을 최대한 단순화시킬 필요가 있다. 복잡한 개념일수록 메타포를 찾기가 어려워진다. 그러므로 최대한 단순화시킨 다음 그 원리를 표현할 수 있는 재료를 찾아야 한다. 이 때 최대한 창조적이 되라. 아마도 쉽지는 않을 것이다. 그러나 늘 그 개념을 머릿속에 넣어놓고 산책을 하든, 일을 하든, 영화를 보든, 화장실을 가든 계속 생각하라. 반드시 필요로 하는 개념들을 찾을 수 있을 것이고, 아마도 그것은 전혀 생각지도 못했던 장소에서, 생각지도 못했던 계기를 통해 일어나게 될 것이다.

또한 이야기를 적절히 사용하면 좋다. 이전에 믿음을 주기 위해서 이야기를 사용하는 것이 좋다고 이야기했는데 그러한 믿음뿐만 아니라 내용을 오래 기억하기 위해서도 이야기는 효과적이다. 사실 이야기에는 너무나 강력한 힘이 있다. 설교자들이 가끔 이런 농담을 하고는 한다. 사람들이 설교를 들으면 그 내용을 잘 기억 못한다. 대신 그 설교에서 이야기한 예화는 기억하는 경우가 많다. 그래서 예화만 바꿔서 설교하면 잘 모른다는 것이다. 이 이야기는 사람들이 설교를 잘 기억하지 못한다는 자조적인 이야기이기도 하지만 그만큼 스토리는 힘이 있다는 것을 깨닫게 해 준다.

이와 같이 이야기는 사람들 머리에 달라붙어서 잘 안 떨어진다. 그래서 요즘 프레젠테이션이나 화법과 관련된 많은 자기계발서적들이 이구동성으로 이 이야기에 대한 강조를 한다. 그 중에 칩 히스와 댄 히스라는 두 형제가 쓴 "스틱!"이라는 책이 있다. 그 책의 내용에서도 이야기를 강조하는 내용이 나오는데 이들은 서브웨이 샌드위치와 관련된 이야기를 소개한다.

이는 제러드 포글이라는 학생에 관한 이야기인데 그 학생은 심각한 과체중 문제를 겪고 있었다. 대학교 3학년 당시 그의 몸무게는 192킬로그램에 그의 바지의 허리치수는 60인치였다. 그런데 어느 날 의대생인 제러드의 룸메이트가 그의 발목이 부어 있는 것을 발견하였다. 그래서 병원에 가보니 부종을 앓고 있다는 진단을 받았다. 부종은 체액을 제대로 순환시키지 못해 신체에 체액이 고여 있는 질환이었다. 마침 제러드의 아버지가 의사였는데 현재 같은 체중으로는 35세를 넘기지 못하고 죽을 것이라고 경고하였다. 그 소식을 들은 후 제러드는 건강을 위해 다이어트를 할 생각이었는데 당시 유행했던 서브웨이 광고가 생각났다. 당시 서브웨이는 "샌드위치 7개에 함유된 지방은 도합 6그램도 되지 않는다." 이 문구로 광고하고 있었다. 그래서 서브웨이 샌드위치로 다이어트 시작하였다. 그는 점심에는 야채 샌드위치, 그리고 저녁에는 6인치 터키 샌드위치 만 먹었는데 3개

월 뒤, 그의 몸무게는 150킬로그램으로 줄었고, 그 후 지속적으로 몸무게가 줄어 정상인이 되었다. 이 학생의 이야기가 인디애나 데일리 학생 신문에 실렸다. 그리고 패스트푸드가 사람의 삶을 긍정적으로 바꾼 최초의 사례라 칭송받게 되었다. 그런데 이 기사를 한 광고제작자가 보고 광고를 기획해서 만들었는데 완전히 대박이 나게 되었다. 전국 신문과 방송국이 다 취재를 오고, 나중에 오프라 윈프리가 직접 전화해서 섭외할 정도로 대성공을 거두었다.

이 이야기가 무엇을 우리들에게 이야기해 주는가? 강력한 어떤 문구나 장치보다 이야기는 강력한 힘을 가진다. 그 어떤 전문가의 잘 만들어진 광고 문구 보다 한 개인의 삶이 바뀌었다는 멋진 이야기가 훨씬 더 강력한 파워를 가지고 있음을 보여준다.

그리고 마지막으로 실물로 가르치거나 설교를 하면 아주 효과적이다. 즉 실제 사물이나 물건을 가져와서 설교를 하는 것이다. 실물설교의 대가 그러면 누가 떠오르는가? 바로 예수님이시다. 그 분이야 말로 정말 다양한 실물들을 가지고 하나님과 진리를 밝히 보이신 뛰어난 교사요 설교가이셨다. 예수님이 가르치신 것을 한번 생각해 보라. 마태복은 6장 26-31절의 말씀을 보자.

"공중의 새를 보라 심지도 않고 거두지도 않고 창고에 모아들이지도 아니하되 너희 하늘 아버지께서 기르시나니 너희는 이

것들보다 귀하지 아니하냐 너희 중에 누가 염려함으로 그 키를 한 자라도 더할 수 있겠느냐 또 너희가 어찌 의복을 위하여 염려하느냐 들의 백합화가 어떻게 자라는가 생각하여 보라 수고도 아니하고 길쌈도 아니하느니라 그러나 내가 너희에게 말하노니 솔로몬의 모든 영광으로도 입은 것이 이 꽃 하나만 같지 못하였느니라 오늘 있다가 내일 아궁이에 던져지는 들풀도 하나님이 이렇게 입히시거든 하물며 너희일까보냐 믿음이 작은 자들아 그러므로 염려하여 이르기를 무엇을 먹을까 무엇을 마실까 무엇을 입을까 하지 말라"

예수님께서는 밖에서 가르치셨기 때문에 따로 실물을 가져오실 필요는 없으셨다. 그 대신 그 분은 공중의 새, 그리고 들의 백합화를 가지고 우리를 입히시고 먹이시는 하나님 아버지를 설명하셨다. 즉 실물을 가지고 영적인 원리들을 설명하신 것이다. 이것이야말로 실물설교의 가장 대표적인 예이다.

필자도 실물을 가지고 가르치거나 설교하기를 아주 좋아한다. 왜냐하면 효과적이고 기억에 오래 남을 뿐만 아니라 듣는 청중들이 정말 좋아한다. 매번 뭘 들고 나올 때마다 기대가 가득한 반응이 있었고 심지어 나중에는 이번에는 뭘 들고 왔으려나... 하고 기대하는 청중들까지 생기게 되었다.

그 중의 한 가지 예를 들어보겠다. 필자가 예전에 청년부 그룹을 섬기던 때의 일이다. 그 때 청년들 예배를 인도하고 설교를 하고 있었는데, 문제는 이 청년들이 예배 시간에 늦는 것을 너무 쉽게 생각하는 것이었다. 예배 시간이 오후 1시 30분인데, 2시가 다 되어 나타나는 청년들이 부지기수였다. 여기에 청년들이 예배시간에 드리는 헌금도 너무나 부족한 부분들이 있었고, 삶 가운데 희생의 모습이 부족함이 있었다. 그래서 "예배는 희생이다"라는 시리즈 설교를 기획하게 되었다.

사실 많은 사람들이 알고 있듯이 구약 시대에서는 예배를 예배라고 부르지 않았다. 구약 시대의 예배는 제사라고 표현했다. 그런데 참 의미심장한 것은 이 제사의 영어 표현이 바로 희생(sacrifice)이다. 즉 하나님에게 희생을 드리는 것, 희생 제물을 바치는 것이 바로 예배였다. 여기에서 아이디어를 얻어 "예배는 희생이다"라는 시리즈를 기획하여 첫 주는 시간의 희생, 두 번째 주는 물질의 희생, 세 번째 주는 삶의 희생, 그리고 마지막 주는 축제가 되는 희생 이렇게 4주짜리 시리즈를 기획했다.

그런데 첫 주 설교를 기획하는 과정에서 뭔가 청년들에게 쉽고, 또 강력하게 도전할 수 있는 것이 없을까 하고 고민 중이었는데 함께 사역하던 전도사님 한 분이 고등어 이야기를 하면 어떠냐는 아이디어를 냈다. 즉 고등어는 사면 바로 반 토막을 내 주는데, 우리 청년들이 그렇게 예배를 반 토막을 내고 드리는 것이 아니냐는 아이디어였다.

그래서 '그래 고등어 이야기를 하자' 하다가 결론이 나기를 아예 고등어를 가져와 자르기로 했다. 그래서 설교 시간에 실제로 고등어 4마리를 준비하여 고등어를 반 토막 내고, 머리를 자르고, 또 꼬리를 잘라가며 설명을 했다. 즉 어떤 사람은 지각하여 예배를 머리 자르고 드리고, 어떤 사람은 더 심한 경우 반 토막만 예배를 드리고 어떤 사람은 반대로 일찍 중간에 나가는(꼬리를 자르는) 사람도 있는데 온전한 고등어는 머리부터 꼬리까지 다 있는 것이 고등어다. 그러므로 예배도 온전한 예배, 즉 처음부터 마지막까지 다 참석하는 예배로 드리자. 이렇게 말씀을 전하였다.

재미있는 것은 예배실에서 고등어를 잘랐더니 그 비린내가 예배실에 진동을 하는 것이었다. 그래서 비린내를 싫어하는 청년들은 코를 막으면서 설교를 들었다. 그런데 문제는 다른 곳에서 터졌다. 청년 예배 후에 어른들이 그 예배실에서 오후 예배도 드렸는데 들어오시는 분들마다 코를 킁킁거리며 머리를 갸우뚱하는 일이 있었다. 급하게 환기를 하기는 했지만 냄새가 워낙 강했던지라 부족했던 모양이다. 그런데 놀라운 것은 이 설교가 행해진지 약 5년의 시간이 흘렀는데도 요즘도 청년들에게 그 설교 이야기를 하면 그 내용을 똑똑히 기억하고 있다. 그 때 당시 고등어를 실제로 가져왔다는 충격, 그리고 실제 고등어를 자르는 모습들, 게다가 그 비린내까지 하나의 일화기억으로 완성되어 학생들의 장기기억 속에 분명히 자리 잡게 된 것이다.

나중에 시각자료 활용에 대한 장에서 더 이야기하겠지만, 많은 교사나 설교자들이 시각자료나 PPT 등으로 설명할 때가 많다. 그런데 그 중에서 실제로 가져올 수 있는 것이 있다면 그럴 때는 실제로 실물을 가져오는 것이 훨씬 효과적이다. 속는

셈치고 한번 시도해 보라. 학생들이 좋아하고 더 주의도 잘 집중될 뿐만 아니라, 그 경험 자체가 그대로 장기기억으로 전환되어 학생들이 교사가 가르친 메시지를 더욱 오래 기억하게 될 것이다.

물론 실물을 통해 가르칠 때에도 한 가지 중요한 점이 있다. 즉 실물에만 의지에서 메시지를 잘 준비하지 않는 실수를 해서는 안 된다. 그렇게 할 경우 학생들의 머릿속에는 메시지가 아닌 실물만 남게 된다. 중요한 건 실물도 그저 도구일 뿐이라는 것이다. 그렇기에 분명한 목적을 위해 사용해야 하며, 사용할 때도 분명한 메시지와 함께 전달함으로써 실물만 남는 것이 아니라 메시지가 더욱 선명하게 전달될 수 있도록 힘써야 한다.

제5장 순종 결심하기

1. 조건: 학생들이 말씀을 따라 행하겠다고 결심하는가?

이 다섯 번째 단계는 이제 학생들이 의지적인 결단을 하는 단계이다. 결심해도 지키지 않으면 아무 소용없다는 작심삼일(作心三日)이라는 말이 있기는 하지만, 학생들이 하나님의 말씀을 듣고 구체적으로 어떻게 해야겠다... 이렇게 의지적인 결단을 하는 것은 또 하나의 분명한 진전이다.

만약에 한참 자라야 할 성장기의 아이가 거식증과 같은 섭식 장애에 걸렸다고 생각해보자. 그래서 밥을 먹기를 거절하고 또 실제로도 밥을 잘 먹지 않는다. 그렇다면 그 아이가 자랄 수 있을까? 아니다. 제대로 자라기 어렵다. 한참 성장기에 있는 아이들은 많이 먹어야 한다. 그리고 그 먹는 만큼 자라게 되는 것이다. 그런데 이와 같이 먹으려는 의지가 없는 아이가 있다면 무엇부터 고쳐야 할까? 그렇다. 우선은 먹고자 하는 의지가 생겨야 한다. 그러한 의지가 있어야 실제로 숟가락을 들고 밥을 먹고, 그렇게 밥을 제대로 먹어야 성장이 일어나는 것이다.

영적인 성장도 마찬가지이다. 근본적으로 우리들의 영적인 성장은 우리가 말씀을 들음에서 난다. 그리고 단순히 듣기만 하는 것이 아니라 들은 말씀을 실천할 때, 그 믿음의 씨름을 통해서 우리의 믿음은, 신앙을 자라게 된다. 그런데 그와 같이 하나님의 말씀을 실천하려면, 그 말씀을 실천하려는 의지적인 결단이 먼저 있어야 한다. 이게 바로 이번 단계에서 다룰 내용이다.

그렇지만 많은 경우 설교를 듣거나 가르침을 받고 난 이후에도 학생들은 무엇을 어떻게 행해야 할지 구체적인 결단을 하지 못하는 경우가 참 많이 있다. 사실 앞의 4가지 단계가 제대로 이루어지지 않아서 학생들이 결단을 하지 못하는 경우도 참 많지만, 앞의 모든 단계들이 다 잘 이루어졌음에도 결단에 어려움을 겪는 경우도 있다. 왜 이런 일이 일어나는가? 이러한 상황에 대한 구체적인 해법은 없는가?

2. 해법: 순종의 결심을 하게 하라.

그렇다면 어떻게 학생들이 배운 말씀에 순종하여 행할 수 있도록 결단하게 할 수 있을까? 사실 많은 교사나 목회자들이 하나님의 말씀을 가르칠 때, 본문의 내용에 집중하거나 그 의미를 전달하는데 주의를 많이 기울인다. 거기에서 조금 더 신경을 쓰는 사람이라면 설교나 가르침을 시작하는 도입 부분에 시간을 많이 보낸다. 그러나 시간대 상 가르침의 가장 마지막 부분에 위치하는 이 적용 부분을 준비하는 데 시간을 많이 보내거나 또 실제로 가르칠 때 이 적용의 이야기를 오래도록 하는 교사들은 그렇게 많지 않은 것이 사실이다.

또한 가르치다보면 시간의 부족에 시달리게 되는 경우가 참 많다. 특별히 한국 교회의 상황에서는 정해진 시간 내에 예배를 비롯하여 분반공부까지 다 마무리를 해야 하는 교회나 부서들이 거의 대부분일 것이다. 그런데 이와 같은 이유 때문에 가르치다가 시간이 부족하면 대부분 뒷부분을 대강 가르치게 된다. 즉 시작은 거창하게 했으나 마무리를 급하게 졸속으로 마무리하게 되는 것이다.

그런데 대부분 적용에 대한 이야기가 제대로 가르쳐지지 못하고 있는 상황이 참 많이 일어나게 된다. 그리고 우리 교사와 설교자들이 그렇게 가르쳤으니 당연히 학생들은 그렇게 반응하고 있는 것이다.

이와 같은 상황을 근본적으로 해결하기 위해서는 우선 가르침의 준비단계에서부터 신경을 써야 한다. 실제로 가슴에 손을 얹고 생각을 해보라. 우리가 다음 세대의 학생들을 가르칠 때, 그리고 그러한 가르침을 준비할 때, 적용 부분에 얼마나 신경을 쓰고 있는가? 우리의 준비 가운데 적용 부분이 차지하는 분량이 얼마나 되는가?

솔직히 이야기하면 필자 역시 도입과 본문, 결론 이러한 부분의 준비가 다 끝나고 나면 갑자기 긴장이 탁 풀리게 된다. 그래서 도입은 갑자기 준비를 하기가 싫어지는 상황도 종종 생긴다. 좀 쉬었다 할까? 하는 생각도 들고, 특별히 이 적용 부분에서 막히면, '일단 생각이 나면 다시 준비하자...' 이런 마음으로 잘 미뤄두게 된다. 이런 필자의 모습에서 동질감을 느끼는 사람들이 많이 있을 것이다.

그런데 그렇게 미뤄두게 되면 보통 끝까지 미뤄두게 되는 것이 일반적이다. 즉 가르치는 순간까지 미뤄두다가 그 때 그 때 떠오르는 몇 가지 생각들로 마무리를 하든가, 아니면 준비 없이 그냥 가르치다가 가르치는 도중에 생각이 나거나 학생들이 대답하거나 반응한 이야기를 가지고 급하게 대강 마무리를 하게 된다. 그러니 적용 시간은 교사나 학생이나 똑같이 빨리 대충 마무리하는 시간으로 자리 잡게 된다.

그러나 정말 우리의 학생들이 하나님의 말씀에 제대로 반응하여 그 말씀에 순종하는 자들로 성장해 나가는 것을 보기를 원한다면 정말로 이 적용 부분에 공을 들여야 한다. 이 적용이 없이는 말씀의 실천이 없고, 말씀에 실천하는 것이 없다면 영적인 성장 역시 일어나지 않는다. 그리므로 성경공부나 설교를 준비할 때, 이 적용 부분을 더욱 공을 들여서 준비해서 듣는 청중들이, 학생들이 반드시 의지적인 결단을 할 수 있도록 해야 한다.

혹시라도 적용을 어떻게 해야 하는지 잘 모르는 사람이 있다면, 제임스 나이퀴스트와 잭 쿠하트쉑이 지은 “성경공부의 모든 것: 그룹 성경 공부 인도자를 위한 안내서”라는 책을 보면 다음과 같이 적용을 시도하는데 도움이 되는 질문들을 제시하고 있는데 이 질문의 목록들을 참고하길 바란다.

1) 내가 지켜야 할 명령(command)이 있는가?
2) 요구해야 할 약속(promise)이 있는가?
3) 따라야 할 본(example)이 있는가?
4) 피하거나 고백해야 할 죄(sin)가 있는가?
5) 감사(thanksgiving)나 찬양(praise)을 드릴 이유가 있는가?
6) 본문은 하나님, 예수님, 나 자신, 이웃들에 대해 무엇을 가르쳐 주는가?

또 한 가지 학생들이 하나님의 말씀에 대해 의지적인 결단을 하게 하고 싶다면 철저하게 구체적이고, 또 학생들이 실제로 할 수 있는 것을 적용점으로 제시해야 한다. 많은 교사들이 이 부분에 있어서 그냥 구렁이 담 넘어 가듯, 혹은 좋은 게 좋다는 식으로 마무리를 하고는 한다. 그러나 적용은 구체적일수록 좋다.

사실 적용은 다음의 4 조건을 만족시켜야 한다. 일명 적용의 4Ps라고 하는 것으로 QT나 귀납적 성경공부를 가르치는 사람들이 항상 강조하는 것이다.

1) 개인적(personal)이어야 한다.
2) 구체적(practical)이어야 한다.

3) 가능한 것(possible)이어야 한다.

4) 평가할 수 있는 것(provable)이어야 한다.

간단하게 설명하자면 적용은 개인적, 즉 자신이 적용하는 것이어야 한다. 우리 모두가 어떻게 해야 한다거나 혹은 다른 사람이 어떻게 해야 한다는 것이 아니라 바로 나 자신이 어떻게 하겠다, 오늘 내가 이렇게 살겠다 이렇게 결단하는 것이어야 한다. 또한 적용은 구체적이어야 한다. 단순히 하나님의 말씀을 많이 보겠다거나 친구들을 사랑하겠다... 이렇게 이야기하는 것이 아니라 실제로 성경을 오늘 몇 장을 보겠다... 어디에서 어디까지 읽겠다 이렇게 결단하는 것이고, 친구들에게 어떻게 해주겠다... 이런 식으로 구체적으로 적용을 해야 한다. 또한 적용은 가능한 것이어야 한다. 갑자기 하루에 10시간씩 기도하겠다거나, 세상의 모든 사람들을 다 사랑하겠다는 등의 말도 안 되는 적용을 해서는 안 된다. 그리고 마지막으로 적용은 내가 실제로 그렇게 했는지 안 했는지를 평가할 수 있는 것이어야 한다. 그래야 계속해서 자신을 점검하면서 믿음이 자랄 수 있다.

위와 같은 4가지 P는 정말 중요한 것으로 성경공부를 적용할 때 금언처럼 사용되고 있는 것이다. 그런데 필자는 그 중에서도 구제석인 것, 그리고 실제로 할 수 있는 깃에 좀 디 강조를 두고 싶다. 많은 교사들과 설교자들이 가르침을 마무리하면서 어떻게 이 말씀을 적용할까 언급을 하지만 종종 너무나도 추상적으로 적용하거나 아니면 듣는 청중들이 각자의 형편에 맞게 알아서 적용하도록 맡겨버리고는 한다. 그런데 이와 같이 하면 적용하기 어려운 경우도 참 많이 있다. 그러므로 설교와 가르침을 마무리하면서 실제적이고 구체적인 적용의 아이디어들을 여러 가지 제공해야 한다. 그래서 그러한 여러 아이디어들 중 청중들이 한두 가지 선택하여 실천할 수 있도록 해주어야 한다.

또한 이러한 적용은 학생들이 충분히 실천할 수 있는 것, 적용이 가능한 것이어야 한다. 특별히 이 부분들을 교사들이 신경써줘야 한다. 보통 교사들이나 교역자들은 믿음의 선배들로서 자신들이 가르친 말씀을 이미 실천하고 적용해 본 경험들이 있다. 그러므로 그러한 자신들의 믿음의 경험들을 바탕으로 학생들이 자신의 삶 가운데 할 수 있을만한 적용의 거리들을 제안해야 한다. 그리고 가끔씩 학생들이 갑자기 은혜를 받거나 그러면 도저히 실천할 수 없는 그런 적용들도 생각을 하고는 하는데 그러한 일이 생기게 될 경우 지혜롭게 절제할 수 있도록 도와주어야 한다.

그렇지만 한 가지 주의할 점이 있다. 우리가 적용점을 찾도록 도와는 주지만 그 결단은 학생들이 직접 하도록 해야 한다. 그리고 무엇을 어떻게 할 것인가 하는 것도 스스로 정하게 하는 것이 좋다. 일반적으로 사람들은 자신이 내뱉은 말일수록 더 잘 지키고 실천하려고 한다. 그러므로 선생님의 말에 예, 아니오로 대답하도록 하는 것이 아니라 스스로 자신이 무엇을 어떻게 할지 생각하게 하고 스스로 결단하도록 끊임없이 유도해야 한다. 이를 위해 성경공부나 설교 중에 자신의 결단을 함께 나누도록 하는 것도 좋다. 즉 자신의 입으로 직접 이야기하게 하고 그것들을 다른 친구들과 함께 나누도록 하는 것이다.

마지막으로 적용을 위한 결단을 위해 성경을 가르칠 때 분량 배정에 신경을 쓰라고 이야기하고 싶다. 즉 도입이나 본문 부분에서 시간을 너무 많이 사용한 나머지 마지막 적용 부분을 제대로 가르치지 못하고 급하게 성경공부를 마무리하는 일이 없어야 한다.

가끔씩 지하철을 타고 다니다 보면 물건을 파는 상인들을 만나게 된다. 어떤 경우는 정말 설명도 잘 하고 많은 물건을 팔아치우는 분들이 있는가 하면, 내가 들어도 별로 팔릴 것 같지 않게 설명하고 실제로도 물건을 거의 팔지 못하는 분들도 있었다. 그런데 여기에서 강조하고 싶은 것은 이것이다. 결국 그 상인들의 목적이 무엇인가? 물건을 설명하는 것인가? 물건을 자랑하는 것인가? 아니다. 그들의 최종 목적은 사람들에게 물건을 돌리고, 그 물건을 사게 하는 것이다.

그런데 이러한 상인이 있다고 생각해 보자. 설명은 너무나 기가 막히게 했다. 사람들이 어느 정도 마음이 기울어 물건을 보고 살려고 생각하고 있었다. 그런데 갑자기 그 상인이 이러는 것이다. "어이구! 다음이 환승역이네요! 제가 갈아타야 해서 이만 내려야겠습니다"라고 이야기하고는 그 지하철에서 내려버렸다. 이 얼마나 황당한 일인가? 정말 말이 안 되는 일이다. 그 상인의 목적은 설명하고 자랑하는 것이 아니다. 물건을 파는 것이다. 그런데 갑자기 시간이 없다고 물건을 팔지도 않고 내리다니

말도 안 되는 일을 하는 것이다.

문제는 이러한 일이 우리가 가르치는 현장에서 종종 일어난다는 것이다. 실컷 설교하고, 실컷 가르쳐 놓고서는 시간이 부족하다는 이유로 마지막 부분을 급하게 마무리 지어 버릴 때가 너무나 많다. 특히 적용 부분에서 그렇게 하는데, 이 역시 무엇이 가장 중요한지 제대로 파악하지 못함이 아닌가 싶다. 반복해서 이야기하지만 성경은 아는 것이 중요한 것이 아니라 성경은 사는 것이 중요하다. 하나님의 말씀을 아는 것이 목적이 아니라 그 깨닫게 된 말씀대로 살아가는 것이 더욱 중요한 것이다. 그런데 그렇게 더욱 중요한 부분을 시간이 없다고 대충 마무리한다면 이는 주객이 전도된 것이라 할 수 있다. 그러므로 다음 세대들을 가르칠 때, 특별히 그 가르침의 시간 관리를 잘 해야 한다. 그래서 마지막 부분에서 시간이 부족해 적용 부분을 대강하고 마무리하는 일이 없어야 한다.

제6장 실제로 행동하기

1. 조건: 학생들이 실제로 말씀을 따라 행하고 있는가?

이제 드디어 말씀을 따라 행하는 과정에 이르렀다. 그런데 말씀을 행하는 것은 더 이상 강조하는 것이 불가능할 정도로 중요한 것이다. 산상수훈에서 예수님께서 뭐라고 말씀하셨는지 다시 한번 생각해 보라. 너희들이 하나님을 믿는다면, 하나님의 백성들이라면, 이렇게 살아라. 누군가 너희들에게 오리를 가자 그러면 십리를 가고, 원수를 사랑하고, 구제할 때 왼손이 하는 것을 오른손이 모르게 하고, 기도할 때 중언부언 하지 말고 이렇게 기도하라(주기도문). 이와 같이 '이렇게 하라 저렇게 하라' 온통 우리가 어떻게 행해야 할 것들을 가르쳐 주신 말씀들이다. 즉 산상수훈의 말씀은 온통 말씀을 살아내는 것과 관련되어 있다. 내가 원하든 원하지 않든, 내가 동의하든 동의하지 않든, 내가 하나님을 믿고 그 분이 우리의 삶을 주관하심을 믿는다면 우리의 삶 속에서 그대로 살아내야 할 적용의 말씀들이다. 그리고 그 결론 부분에서 우리들에게 이렇게 말씀하시는 것이다. 우리 모두는 집을 짓는 건축가들이다. 이 말씀을 순종하는 사람들은 집을 반석 위에 짓는 사람이고, 듣기만 하고 행하지 않는 사람은 모래 위에 집을 짓는 어리석은 건축가들이다.

너무나 쉽고 어떻게 해야 할지가 분명하다. 그런데 문제는 무엇이냐 하면 우리 모두가 계속 집을 모래 위에 건축하고 있다는 것이다. 즉 말씀을 듣기만 한다. 어떤 사람들은 성경을 정말 열심히 읽는다. 아니 읽는 것으로 모자라서 교회의 각종 훈련 프로그램과 성경공부하는 시간에 참여한다. 그것으로도 모자라서 인터넷으로 케이블 TV로 좋은 설교 말씀을 찾아서 듣는다. 또한 어떤 이는 성경을 암송하거나 필사까지 한다. 물론 내가 지금 이러한 것들이 잘못되었다는 것은 아니다. 당연히 이렇게 해야 한다. 그러나 문제는 그것만 한다는 것이다. 말씀을 듣기만 하고, 말씀에 대한 좋은 정보를 모으고, 지식적으로 성경을 배워 나가고, 이렇게 열심히 할 뿐 실제로 말씀을 실천하고 그 말씀에 순종해서 우리 삶에 적용하지는 않는 것이다. 이래가지고는 절대로 우리의 믿음이 자라지 않는다. 절대 변화가 일어나지 않는다.

이렇게 말씀을 듣기만 하는 것이 어떤 의미인지 좀 더 쉬운 예를 들어보겠다. 요즘 많은 사람들이 몸 만드는 것에 관심을 두고 있다. 다이어트를 하거나 아니면 운동을 통해 몸을 만드는 남자들도 있다. 또한 건강을 위해 여러 가지 운동들을 하실 것이다. 그런데 만약에 우리 중에 이런 사람이 있다고 생각해보자. 정말 열심히 운동하는 것에 대해 배우는 사람이 있다. 무엇이 좋은 운동이고 그 운동을 어떻게 해야 하는지 배운다. 운동에 관련된 앱을 다운 받고, 당연히 운동에 있어서 박사가 된다. 각종 좋은 정보들과 자료들을 집에 모아놓고 심지어 가르쳐주는 영상자료를 보기도 한다. 각각의 음식물이 몇 칼로리인지 줄줄 외운다. 그런데 문제는 이 사람은 전혀 운동하지 않는다. 이 사람이 몸을 만들 수 있을까? 다이어트 할 수 있을까? 건강을 유지할 수 있을까? 힘들 것이다. 전혀 변화가 일어나지 않을 것이다. 지식적으로 아는 것, 정보를 수집하는 것은 몸 만드는 것과는 아무 상관이 없다. 직접 운동하고 뛰고 기구를 들지 않으면 아무 변화도 일어나지 않는다.

말씀을 듣기만 하고 실천하지 않는 사람, 적용하고 그 말씀에 순종하지 않는 사람이 바로 이와 같은 사람이다. 정보와 지식은 많아질지 모르지만 그 사람의 믿음과 신앙은 전혀 자라지 않는다. 믿음은 말씀을 통해 자라게 된다. 그러나 분명한 것은 우리의 삶으로 살아낸, 처절한 순종의 싸움으로 살아낸 말씀을 통해 우리들의 믿음은 자라게 되는 것이다.

그래서 성경도 보면 말씀을 행하라는 명령이 넘쳐난다.

레 18:4-5

너희는 내 법도를 따르며 내 규례를 지켜 그대로 행하라 나는 너희의 하나님 여호와이니라 너희는 내 규례와 법도를 지키라 사람이 이를 행하면 그로 말미암아 살리라 나는 여호와이니라

신 13:18

네가 만일 네 하나님 여호와의 말씀을 듣고 오늘 내가 네게 명하는 그 모든 명령을 지켜 네 하나님 여호와의 목전에서 정직하게 행하면 이같이 되리라

왕상 11:38

네가 만일 내가 명령한 모든 일에 순종하고 내 길로 행하며 내 눈에 합당한 일을 하며 내 종 다윗이 행함 같이 내 율례와 명령을 지키면 내가 너와 함께 있어 내가 다윗을 위하여 세운 것 같이 너를 위하여 견고한 집을 세우고 이스라엘을 네게 주리라

대하 34:21

너희는 가서 나와 및 이스라엘과 유다의 남은 자들을 위하여 이 발견한 책의 말씀에 대하여 여호와께 물으라 우리 조상들이 여호와의 말씀을 지키지 아니하고 이 책에 기록된 모든 것을 준행하지 아니하였으므로 여호와께서 우리에게 쏟으신 진노가 크도다 하니라

렘 11:4

이 언약은 내가 너희 조상들을 쇠풀무 애굽 땅에서 이끌어 내던 날에 그들에게 명령한 것이라 곧 내가 이르기를 너희는 내 목소리를 순종하고 나의 모든 명령을 따라 행하라 그리하면 너희는 내 백성이 되겠고 나는 너희의 하나님이 되리라

눅 10:36-37

네 생각에는 이 세 사람 중에 누가 강도 만난 자의 이웃이 되겠느냐 이르되 자비를 베푼 자니이다 예수께서 이르시되 가서 너도 이와 같이 하라 하시니라

요 13:14-15

내가 주와 또는 선생이 되어 너희 발을 씻었으니 너희도 서로 발을 씻어 주는 것이 옳으니라 내가 너희에게 행한 것 같이 너희도 행하게 하려 하여 본을 보였노라

빌 4:9

너희는 내게 배우고 받고 듣고 본 바를 행하라 그리하면 평강의 하나님이 너희와 함께 계시리라

살후 3:4

너희에 대하여는 우리가 명한 것을 너희가 행하고 또 행할 줄을 우리가 주 안에서 확신하노니

약 1:22-25

너희는 말씀을 행하는 자가 되고 듣기만 하여 자신을 속이는 자가 되지 말라 누구든지 말씀을 듣고 행하지 아니하면 그는 거울로 자기의 생긴 얼굴을 보는 사람과 같아서 제 자신을 보고 가서 그 모습이 어떠했는지를 곧 잊어버리거니와 자유롭게 하는 온전한 율법을 들여다보고 있는 자는 듣고 잊어버리는 자가 아니요 실천하는 자니 이 사람은 그 행하는 일에 복을 받으리라

요일 3:22

무엇이든지 구하는 바를 그에게서 받나니 이는 우리가 그의 계명을 지키고 그 앞에서 기뻐하시는 것을 행함이라

그러므로 모든 교사와 설교자들은 우리가 가르치는 학생들이 어떻게 하든지 하나님의 말씀들을 자신의 삶에 적용하여 그 말씀대로 순종하여 행할 수 있도록 가르쳐야 한다.

2. 해법: 실제로 행동하게 하라.

자 그러면 어떻게 해야 학생들이 자신들이 결단한 대로 살아갈 수 있을까? 기본적으로는 학생들이 자신이 결단한 대로 실천하는 것은 그들 자신에게 맡길 수밖에 없다. 그러나 그들에게만 맡기는 것보다는 더욱 더 도움이 되는 방법들이 있다.

가장 먼저 추천해주고 싶은 방법은 학생들과 교사들이 항상 말씀을 실천하고 있는지 서로 체크해 주는 것이다. 예전에는 교사들이 학생들의 삶을 체크해주는 것이 그렇게 쉽지 않았다. 주중에 전화 심방을 하거나 찾아가 만나거나 하는 수밖에 없었는데 서로 시간 맞추기도 어렵고 아무튼 이러한 일들이 쉽지는 않았던 것이다. 그러나 요즈음은 스마트폰을 비롯한 SNS의 발달로 서로 체크해주는 것이 너무나 쉬워졌다.

이제는 초등학생들도 다들 스마트폰을 들고 다니는 시대가

되었기에 이제는 학생들과 단체 채팅방을 가지고 있거나 아니면 페이스북 등의 SNS를 이용해 학생들과 평소에도 교류를 하고 있을 것이다. 그것도 힘들면 단체 문자라도 보내면 된다. 이러한 기술적인 발전들을 이용하면 된다. 그래서 학생들이 말씀을 적용해서 잘 살고 있는지를 주중에도 확인하는 것들이 필요하다. 잊어버리고 있던 학생이 있었다면 다시 상기시켜주면 되고, 이미 실천해 봤으나 실패한 학생이 있다면 다시 한번 시도할 것을 권면하고 기도해 주면 된다.

혹시 가르치는 대상이 미취학 학생이거나 아직 개인 전화기가 없는 어린 학생일 경우 부모님들과 연락을 하면 된다. 부모들에게 있어 그 때만큼 자녀들의 교육에 관심을 기울일 때가 또 없다. 그러므로 교사나 교역자가 그들이 섬기는 학생들이 어떤 말씀을 듣고, 어떻게 실천하려고 하고 있는지를 알리고 함께 실천할 수 있도록 협조를 구한다면 이 역시 좋은 방법이 될 수 있을 것이다.

또한 그들이 실천하고 있는 것을 소그룹이나 공동체에서 공식적으로 선포하게 하는 것도 좋은 방법이 될 수 있다. 요즘 담배 가격이 오르면서 금연을 시도하는 사람이 전국적으로, 전 계층적으로 많아지고 있다. 고무적인 현상이다. 그런데 그렇게 금연을 시도하는 사람들에게 권면하는 말 중에 이러한 내용이 있었다. 즉 자신이 금연하고 있음을, 담배를 끊었음을 주변의 사람들에게 알리라는 것이다. 그렇게 공식적으로 자신이 금연하였음을 선포하고 알리게 되면, 주변 사람의 시선을 생각해서라도 더 잘 금연을 하게 되고, 혹시라도 주변에서 담배를 권하거나 하는 일이 생기지 않기 때문에 더 금연에 성공할 확률이 높아지게 된다는 것이다.

이러한 원리는 우리가 말씀을 실천하는 데에도 적용될 수 있다고 생각한다. 즉 말씀을 실천할 때도 그냥 조용히 혼자서 하는 것보다는 주변의 사람들에게 내가 이런 것들을 실천하고 있음을 알리고, 공식적으로 실천해 나가도록 하는 것이 좋다. 그렇게 할 때 주변 사람으로부터 도움과 격려를 받을 수 있고, 때로는 다른 사람에게 선포하고 공식적으로 이야기해둔 것이 있어서 더 잘 실천하게 되기도 한다.

필자가 속한 교회에서는 청년들이 셀모임을 가지고 있는데 보통 설교를 듣고 나면 그 셀모임에서 자신이 설교를 들으면서 느낀 점이나 앞으로 삶 가운데 어떠한 것을 실천할 것인지를 구체적으로 나누고 함께 기도하는 시간을 가진다. 이렇게 할 때 청년들은 더욱 그 말씀을 실천하기 위해 노력할 뿐만 아니라 서로 격려하고 함께 기도하면서 자신들이 결단한 내용을 지켜가는 것을 볼 수 있었다. 이와 같은 공동체 차원에서의 격려와 도움들이 말씀을 적용하는 단계에서는 꼭 필요하다.

그리고 필요하다면 어떤 특정한 주제에 대해서는 부서차원의 캠페인으로 승화시키는 것도 좋다. 즉 하나님께서는 개인적으로 우리 한 사람 한 사람에게 말씀하시기도 하지만 어떤 지역 교회나 한 공동체에게 말씀을 주시기도 하신다. 이는 그 부서를 지도하는 목회자나 교사들의 설교나 리더십을 통해 드러나기도 하고, 혹은 함께 가르치는 주제 가운데 분명하게 드러나기도 한다. 만약에 그와 같이 한 개인 만에게 주시는 말씀이 아니라 그 부서 전체의 소속원들에게 주시는 말씀이 있다면 이러한 주제는 공동체 차원의 캠페인으로 만들어가도 좋다. 그렇게 될 때 단순히 혼자서 외로운 싸움을 싸워나가는 것보다 훨씬 더 큰 힘이 된다.

이러한 주제의 가장 대표적인 예를 든다면, 순결서약식 같은 것을 들 수 있을 것이다. 즉 한 개인만이 하나님이 주신 이성(性)이라는 선물을 소중히 여기는 것이 아니라 그 공동체 내의 모든 청소년, 청년들이 함께 자신의 몸을 사랑하고 순결을 지킬 것을 서약하는 시간을 가진다면 그 서약식에 참여한 모든 사람들이 자신의 서약을 더욱 잘 지켜나갈 수 있을 것이다. 그리고 더 나아가 그것이 교회와 부서, 그리고 한 공동체의 문화가 된다면 더욱 더 잘 지켜나갈 수 있게 된다.

또 한 가지 예를 든다면, 요즘 특별히 청소년 부서를 담당하고 있는 교역자들은 시험 기간만 되면 피가 마르는 것 같다고 한다. 일단 기본적으로 학생들이 출석하는 인원이 있는데 시험기간에는 그 인원이 반 토막이 나거나 더 심한 경우, 반의 반 토막이 난다고 한다. 이와 같은 흐름에 도전하기 위해 "주일에는 먼저 교회로" "시험기간이기에 예배합니다" 이런 캠페인을 벌이는 교회와 학생선교단체들도 생겨났다. 즉 이러한 운동은 한 아이의 생각만을 바꾼다고 되는 것이 아니라 공동체 전체의 의식을 전환해야 하는 것이기에 이러한 캠페인으로 학생들이 주일을 지키는 것에 우선하도록 한 것이다. 참 의미 있는 도전이라고 생각한다. 시험 기간이라 어쩔 수 없다.. 이렇게만 생각하는 것이 아니라 학생들이 시험기간에도 자발적으로 예배드리러 교회에 올 수 있도록 생각의 전환을 하고 있다.

이와 같은 노력들이 필요하다고 생각한다. 단순히 그 말씀을 듣고 배우는 학생들에게만 적용과 실천의 노력들을 맡겨버리는 것이 아니라, 때로 정말 중요한 영적인 원리나 하나님의 말씀 같은 것들은 한 부서나 공동체가 함께 그 말씀을 실천해 나가는 캠페인을 벌인다면 그 부서의 학생들은 물론 그들을 가르치고 섬기는 교사들과 교역자들까지 성장과 변화의 열매들을 맛볼 수 있을 것이다.

제2부

변화를 일으키는 가르침의 실제

지금부터 필자의 삶과 관련된(특별히 선생님과 관련된) 세 가지 이야기를 하려고 한다. 그런데 이 세 가지 이야기 중 한 가지는 거짓말이다. 과연 어떤 것이 거짓말일지 한번 맞춰보시길 바란다.

1. 중고등학교 학생들에게 순수하게 설교만 2시간 10분 동안 한 적이 있다.
2. 중고등학교 때 영적으로 영향을 준 선생님들을 한 명도 못 만났다.
3. 고등학교 때 교회 선생님에게 수업이 재미없다고 대놓고 따진 것이 있다.

과연 어떤 것이 거짓말일까? 세 가지 다 일어나기 힘든 아주 드문 일들이다. 게다가 필자를 개인적으로 아는 것도 아니니 아마 맞추기 더 힘드실 것이다. 이 문제의 답은 3번이다.

우선 1번의 이야기를 하면 처음으로 교회에서 파트타임 전도사 사역을 했는데, 고등부 부서를 맡게 되었다. 그 때 중고등부 연합으로 겨울 수련회를 가게 되었는데, 그 때 저녁 집회 때 2시간 10분 동안 설교를 했다. 그 때 배운 것이라면 '다시는 그러지 말자'라는 것이다. 처음 한 시간 정도는 그래도 잘 진행이 되었는데 그 다음부터는 인간의 육신의 연약함이 얼마나 큰 것인지 뼈저리게 깨닫게 되었다. 게다가 낮에 학생들이 아주 심한 육체적 활동을 했음을 고려하지 않았던 것이다.

그리고 2번도 사실이다. 필자가 중고등학교를 지나면서 많은 교회 선생님들을 만나게 되었다. 다들 너무 좋은 분들이셨다. 그런데 다들 조금 바쁘셨고 개인적으로 친해지고 인생의 멘토가 되어 주신 선생님은 없으셨다. 지나고 보면 내가 선생님께 다가가지 않았나 하는 자책을 해보기도 하지만 어쨌든 결과적으로는 그렇게 되었다.

마지막 세 번째는 거짓말이다. 그렇다고 고등학교 선생님들의 수업이 재미있었다는 것은 아니다. 다만 그럴 수 없었던 것뿐이다. 필자의 아버님이 바로 교회의 담임목사였기 때문에 아버님의 눈치가 보여서 차마 그럴 수 없었다. 그 때를 돌이켜 생각해 보면 정말 52주가 똑같은 형식의 지루한 성경공부였던 것으로 기억이 난다.

아무튼 필자를 모르는 사람들은 세 가지가 다 거짓말이 아닌가 싶을 정도로 대단히 특별하고 드문 경험들이었다. 그런데 이렇게 선생님과 관련된 특별한 경험들은 모두의 삶 가운데 어느 정도는 있을 것이다. 그리고 그러한 특별한 경험들이 우리 삶에 아주 큰 영향을 주게 된다. 우리가 원하든, 원하지 않든 말이다.

우리는 어디서든 가르침의 자리에 서게 될 때 항상 동일한 것을 바라지 않는가 생각한다. 즉 우리가 가르치는 가르침이 학생들에게, 또 그들의 삶에 아주 특별한 것이 되기를 바란다. 그들에게 단순히 지식만 전해주는 것이 아니라 그들의 삶이 변화되고 진정한 깨달음이 일어날 수 있게 되기를 바란다. 어떻게 이와 같은 일이 가능한가?

여기에는 많은 답이 있을 것이다. 그리고 여러 가지 방향으로 해법을 찾을 수 있다. 영적으로 해법을 찾을 수 있고, 혹은 교육 철학이나 심리학적 이론들을 가지고 해결해보려고 할 수도 있다. 그러나 우리는 조금 다른 방향으로 접근하기를 원한다. 우리는 "어떻게?" 여기에 초점을 맞추려고 한다. 즉 이제 2부의 내용을 통해 우리는 우리가 "어떻게 가르치느냐" 하는 교육의 방법론을 함께 공부할 것이다.

그렇지만 이 부분에서는 이론적인 것들보다는 실제적인 가르침의 방법들에만 집중하고 그것도 진짜 핵심만 다루려고 한다. 2부의 내용을 통해 교육방법론에 관심이 가거나 관심 가는 교육방법이 있다면 오늘을 계기로 각자 연구하고 개발해 보시길 바란다. 아마도 여러분의 가르침이 송두리째 달라지는 경험을 할 수 있을 것이다.

우선 제2부의 내용을 통해 실제적인 교수의 방법론들을 전통적인 교수법과 참여중심 교수법으로 나누어서 설명하도록 하겠다. 그리고 학생들을 가르치기 위해서는 교수설계를 해야 하는데 그 때 사용하기 좋은 두 가지 모델을 설명할 것이다. HBLT과 REWARD모델이 바로 그것이다. 그리고 이어지는 내용을 통해서는 시각자료를 보다 효과적으로 사용할 수 있는 원리와 실제적인 지침을 제시하도록 하겠다.

제1장
전통적인 교수법과 참여중심 교수법

1. 전통적인 교수법

먼저 소개할 것은 전통적인 교수법들이다. 일반적으로 교수법이라고 하면 무엇이 생각나는가? 아마도 가장 먼저 떠올리게 되는 것이 강의일 것이다. 왜냐하면 그동안 우리부터가 주로 강의를 들으며 교육을 받아왔기 때문이다. 그리고 이와 같이 교수자나 학습자 모두에게 잘 알려져 있고 전통적으로 행해져 온 교수방법들이 비로 전통적인 교수법이다. 크게 구분해서 4가지가 있다.

1) 강의(Lecture)

이는 가르치는 교수자 한 사람이 체계적으로 정보를 소개하며, 책에 쓰여진 내용을 보다 더 심도 있게 설명하는 교수 방법이다. 그런데 재미있는 것은 강의는 학습자의 20%만이 선호하는 방법이라고 한다. 나머지 대다수인 75%는 강의를 선호하지 않거나 강의와는 잘 안 맞는 학생들이며, 5%는 어떠한 방법에도 관심이 없는 학생들이다. 그런데 대학에서 가르치는 교수님들은 거의 95% 이상을 강의를 이용해서 수업을 진행한다.

그런데 왜 강의를 쓰는가? 왜 그럴까? 흔히 강의가 제한된 시간에 많은 양의 정보를 소개할 수 있는 가장 효율적인(efficient) 방법이라고 생각한다. 그러나 사실이 아니다. 가장 효율적인 방법은 독서/읽기이다. 눈으로 글을 읽어나가는 방법이 짧은 시간 내에 가장 많은 정보를 얻을 수 있는 가장 효율적인 방법이다. 그러므로 강의 중에 교과서나 준비한 내용을 단순히 읽기만 하면서 강의하는 것은 피하는 것이 좋다. 그럴 바에는 유인물을 나눠주고 읽어오게 하면 된다. 이제 강의법의 구체적인 장단점을 보자[2].

장점	• 제한된 시간에 많은 양의 정보를 소개할 수 있다. • 같은 내용을 모든 학생들에게 동일하게 전달할 수 있다. • 체계적인 순서 내에서 여러 가지 다양한 자료와 아이디어를 전달할 수 있다. • 예나 비유를 들어줄 수 있다. • 학생들의 숫자가 많을 경우 유용한 방법이다.
단점	• 학생들의 참여가 수동적이 되기 쉽다(일방적 커뮤니케이션). • 내용을 잘 안다고 해서 반드시 좋은 강의자가 되는 것은 아니다. • 학생들이 제대로 배우고 있는지 선생님이 파악하기가 힘들다.
효과적 준비	• 학생들의 주의를 집중시키기 위해 적절한 도입과 명확한 요약이 필요하다. • 시간과 내용을 강의시간에 맞게 적절히 분배해야 한다. • 예제와 비유를 사용해서 쉽게 설명하도록 한다.

2) 이번 장의 각 표는 한정선 교수가 2005년 출판한 「엑셀런트 티칭」 (랜덤하우스 중앙)에서 기본 컨셉을 가져왔음을 밝힘.

■ 장점

– 제한된 시간에 많은 정보 전달(효율성)

사실 강의라는 가르침의 방법은 산업화 사회에 최적화된 교육 방법라고 할 수 있다. 표준화된 공정을 기반으로 대량생산을 목표로 하는 산업사회에서는 교육도 효율성이 중요했다. 즉 최대한 비용을 낮추어서 최대한 많은 수의 일꾼들을 배출해 내야 했던 것이다. 그랬기에 이 강의라는 교수의 방법은 산업 사회에 가장 중요한 교육의 방법으로 자리 잡게 되었다. 전술한 대로 현재 대학 강단에서 가르치는 교수들의 95%가 이 강의법을 사용하고 있다고 한다. 하지만 그럼에도 불구하고 이 강의라는 교수법은 여전히 유용한 학습의 방법이다. 정해진 시간 내에 비교적 많은 내용을 가르칠 수 있는 학습의 방법이고, 무엇보다 배우는 학생들이 배우는 내용에 대한 기초적인 지식이 많지 않을 때 정말 유용한 방법이다.

– 같은 내용을 모든 학생들에게 동일하게 전달할 수 있다.

사실 이건 강의법의 장점이기도 하고 단점이기도 하다. 즉 민주사회의 구성원들을 양성한다는 측면에서는 장점이다. 강의는 특수 계층이나, 특별한 학생들에게만 가르쳐 주고 그런 것 아니라 공평하게 강의를 듣는 모든 학생들에게 같은 지식을 전달하게 된다. 그러나 이는 동시에 단점이기도 하다. 그리고 사실 단점이 커서 단점에 넣고 싶었다. 잠시 후 다시 다루겠지만 구성주의의 전제들에 의하면, 학생들은 스스로 지식을 구성해 나간다. 그런데 모든 학생들의 능력과 선지식, 또는 학습 배경이 차이가 나기 때문에 그들에게 똑 같은 내용을 전달하는 것은 의미 없는 일이 될 수 있다. 그리고 강의를 통해서는 학생들 한 사람 한 사람의 능력차이를 고려해 가르치는 개별화 교육은 요원한 일이 될 수 있다.

– 체계적인 순서 & 예와 비유

물론 책이나 교과서도 정해진 내용을 체계적인 순서로 전달할 수 있다. 그러나 강의가 가지는 또 한 가지의 장점은 그 순서를 강의자가 적당히 조절해 나갈 수 있다는 것이다. 즉 책에서 읽다가 이해가 안 되면 어떻게 하는가? 다시 앞으로 돌아가서 혼자 다시 읽어본다. 그러나 반복해서 읽는 것 그 이상은 할 수 없다. 그러나 강의 중에는 이해가 안 되는 점이 있다. 그러면 어떻게 할 수 있는가? 반복뿐만 아니라, 아예 다른 방향으로 설명이 가능하다. 더 쉬운 예나 비유를 들어줄 수 있다. 즉 교수자 자신이 교과서이기 때문에 살아있는 교과서로서의 기능이 가능한 것이다.

그러므로 단순히 책을 읽어주거나 준비한 내용을 읽기만 하는 것은 강의에서는 그다지 매력 없는 방법이 될 수 있다. 정해진 내용만을 전달하는 데 만족하는 것이 아니라 학생들의 이해상태를 계속 묻고 모니터하면서 때로는 더 쉬운 내용으로 설명해 주어야 한다. 필자도 강의를 위해 꼼꼼하게 내용을 다 준비한다. 그러나 실제로 강의를 하게 될 때는 거의 내용을 보지 않는다. 3시간 정도 강의를 하면서도 어떤 경우는 거의 보지 않고 강의를 진행한다. 그러면서 학생들이 이해하는 모습을 봐가면서 조절한다. 반복하기도 하고, 원고에 없는 이야기로 설명하기도 한다. 그래야 학생들이 더 잘 강의의 내용을 소화해 낼 수 있기 때문이다.

– 학생들의 숫자가 많을 경우 유용한 방법이다.

학교에서 강의를 하거나, 교회에서 특강을 할 때 적지 않은 인원을 가르쳐야 할 때가 종종 있다. 그런데 그와 같은 상황에서 거의 유일하게 쓸 수 있는 가르침의 방법을 하나 고르자면 바로 강의법이다. 정말로 학생들의 숫자가 많을 때 그들을 적절히 통제하면서 정해진 내용을 전달하기에는 강의법만한 것이 없다. 그런데 문제는 강의법보다 다른 방법들을 쓰면 더 좋을 소그룹에서의 상황에서도 강의법만을 사용하는 경우가 있다는 것이다. 예를 들어 소그룹 성경공부를 한다고 할 때, 인도하는 사람이 자기 혼자 말을 다 한다고 치자, 그게 효과적인 성경공부가 될 수 있을까? 그렇지 않다. 대그룹을 가르칠 때에는 대그룹에 맞는 방법을 사용하고 소그룹을 가르칠 때에는 소그룹에 맞는 방법을 사용하는 것이 가장 좋다.

그리고 강의가 언제 또 유익하냐 하면 학습자가 배우는 내용에 대해 기초적인 지식이 많지 않을 때이다. 즉 기본적인 지식을 전달하는 것이 우선되어야 할 때에는 강의법을 주로 사용한다. 그러다가 어느 정도 기본적인 지식이 생기고 슬슬 적용하고 평가하고, 자기 스스로 무엇인가를 만들어 낼 수 있을 때, 학생들이 참여할 수 있는 다양한 교수의 방법으로 전환하는 것이 좋다. 앞으로 여러분들이 참여하고 직접 실습해 보고 하는 일들이 점점 많아질 것이다.

■ 단점:

– 학생들의 참여가 수동적이 되기 쉽다(일방적 커뮤니케이션).

사실 강의는 그렇게 될 수밖에 없다. 강의에서 가장 중요한 것은 효율성이기 때문에 가장 짧은 시간에 최대한 많은 내용을 잘 전달해야 한다. 그렇기에 때로는 학생들에게 질문을 받거나 학생들이 참여하게 할 여유가 없는 것이다. 그런 것들을 하면 시간이 많이 걸린다. 그래서 우리 중고등학교 때, 수업과 조금이라도 관계없는 질문하면 선생님들이 무엇이라고 했는가? 딴 소리 하지 마라, 헛소리 하지 말아라, 수업에 집중해라, 이런 이야기하면서 질문 자체를 차단하는 경우가 많았다. 그렇게 될 수밖에 없다. 강의는 효율성이 가장 큰 이슈다.

그러므로 자연스럽게 학생들은 강의에서 수동적인 자세를 취하기가 쉽다. 그저 듣거나 들은 내용을 필기하면서 앉아 있는 것이다. 그런데 이러한 이유로 강의를 선호하는 학생들도 있다. 그냥 자신들을 가만히 내버려두는 것이 편한 것이다. 필자도 참여 중심 학습법을 사용하면 이런 저항에 부딪힌다. 예전에 필자가 섬기는 교회에서 교사들을 가르친 적이 있었는데, 여러 가지 활동을 하도록 했다. 그랬더니 나이 많은 교사 몇 분이 이런 반응을 보이셨다. '아무튼 우리 목사님은 우릴 그냥 내버려 두는 적이 없다. 아무튼 들들 볶는다.' 그 말 듣고 나서 나이 많은 교사들에게 약간 여유나 선택지를 둔다. 아무튼 강의는 학생들이 수동적이 되기 쉽고, 그렇게 수동적인 것에 익숙해진 사람들에게는 오히려 참여 중심 교수법이 적응하기 힘들 수 있다.

– 내용을 잘 안다고 해서 반드시 좋은 강사가 되는 것은 아니다.

학교에서 가르치거나 다른 곳에서 세미나를 할 때마다 이 이야기를 하면 많은 사람들의 공감을 얻게 된다. 아마 이 책을 읽고 있는 독자 중에도 상당수가 동의할 것이다. 필자도 예전에 학교 다닐 때, 이런 교수님들을 많이 만났다. 정말 학식도 깊고, 연구도 많이 하신 대단한 분이신데, 강의는 정말 듣기 쉽지 않은 그런 교수님들이 계셨다. 그런 분들은 말씀하시기를 자기는 연구는 좋은데 강의는 싫다. 내 대신 누가 강의해주고 나는 연구에만 전념하게 해 주면 좋겠다... 이렇게 이야기하시는 분도 뵈었다.

– 학생들이 제대로 배우고 있는지 선생님이 파악하기가 힘들다.

예전에 박사과정에서 공부할 때의 일이다. 아무래도 외국에서 영어로 공부하다보니 박사과정 공부가 쉽지 않았다. 그런데 그 때 한 미국인 교수님이 이런 이야기를 하셨다. 한국 학생들은 수업 시간에는 분명히 고개를 끄덕이며, 알 것 같다고 반응을 보이는데, 쉬는 시간이 되면 자신이 방금 고개를 끄덕였던 그 내용이 이해가 안 된다고 질문을 한다는 것이다. 즉 이해가 안 되면 고개를 끄덕이지 말든지, 이해가 되었으면 질문을 하지 말아야 하는데 이것도 아니고 저것도 아니니 자신이 헷갈린다는 것이다. 그런데 사실 이러한 문화는 한국 사회에서는 굉장히 일반적인 것이다. 우리들도 예전에 학교 다닐 때, 100% 이해가 안 되었어도, 선생님께서 쳐다보거나 그러면 그냥 예의상 고개를 끄덕이고는 하지 않았는가? 그리고 이해 안 가는 부분이 있거나 질문이 있어도 수업 진행에 방해될까봐 질문을 하지 못하는 그런 문화가 있었다. 그래서 그 교수님께 이러한 한국적인 문화를 설명했더니 그제야 이해가 된다고 했던 경험이 있었다.

그런데 이와 같은 것이 강의법에 있어서 가장 심각한 문제 중의 하나이다. 학생들이 지금 수업에 얼마나 이해하고 있는지, 얼마나 잘 따라오고 있는지 평가하는 것이 쉽지 않은 것이다. 그리고 사실 일방적으로 교수자가 지식을 쏟아 놓아야 하는 강의의 특성상 중간에 평가를 한다는 것 자체가 쉽지 않다. 생각해 보자. 어떻게 평가가 이루어지나? 평가를 하려면 그 자체가 학생들이 참여한다는 것을 의미한다. 그런데 강의에서는 그럴 여유가 없다. 그러므로 제대로 확인 못하고 넘어가는 경우가 많다. 그러므로 배우지 않고 있는 학생들이 계속 알아듣는 척하면서 수업을 듣는 것이 가능하다.

필자도 고등학교 때 그러한 경험이 있다. 그 때 필자는 수학을 참 못했었다. 게다가 수학을 공부하는 것을 좋아하지 않아서 고2 겨울방학 즈음이 되었는데 나는 개인적으로 고1들이 공부해야 할 부분을 공부하고 있었다. 그래서 시험을 보면 앞부분의 몇 문제를 풀고 나면 더 이상 풀 수 있는 문제가 없었다. 심지어 수학 시험에서 100점 만점에 8점까지 받아봤다. 그런데도 수업 시간에는 선생님이 내가 수업을 잘 따라온다고 생각했다. 이런 일이 가능하다. 수업을 못 따라가고 있고, 배우지 못하고 있는데 그냥 앉아 있고 들키지만 않으면 된다. 가르치는 사람이 지금 학생들이 정말 배우고 있는가를 측정하기 힘들다.

■ 효과적인 준비

자 그렇다면 보다 효과적인 강의법의 사용을 위해 무엇을 어떻게 준비해야 하는가?

– 적절한 도입과 명확한 요약이 필요하다.

우선 강의를 시작할 때 적절한 도입을 사용해서 학생들의 주의를 집중시키고 학생들이 배워야겠다는 생각이 들도록 해야 한다. 또한 도입 부분에서 학생들과 친화관계를 형성하여 강의가 제대로 진행되도록 해야 한다. 그리고 앞으로 오늘 강의를 통해 어떤 내용을 가르칠지 소개한다. 그리고 결론 부분에서는 강의했던 내용을 잘 정리하면서 마무리한다. 도입 부분에서 강의하겠다는 내용을 본론 부분에서 강의했을텐데 그 강의한 내용을 명확하게 요약해 줘서 학생들이 자신이 배운 것 중에 빠진 것이나 잘못 이해한 것이 없는지 점검하게 한다.

– 시간과 내용을 강의시간에 맞게 적절히 분배해야 한다.

정해진 강의의 시간을 잘 지키고 강의 시간에 다룰 수 있는 내용을 잘 정리해야 한다. 필자는 이 부분이 참 힘들다. 수업을 관리하고 시간을 지키고 하는 것이 쉽지 않다. 부족하고 무엇보다 아직 경험이 적어 그런 것이겠지만 알려주고 싶은 욕심에 내용이 넘치게 되는 경우를 종종 겪는다. 이와 같이 되지 않도록 시간도 잘 관리하고, 강의 시간에 맞게 내용을 잘 분배해서 가르칠 수 있어야 한다.

- 예제와 비유를 사용해서 쉽게 설명하도록 한다.

적절한 예제와 비유는 어떻게 보면 강의를 하는 이유가 되기도 한다. 이게 없으면 그냥 책을 읽는 것이 낫다. 효율성의 측면에서도 책이 낫지 무엇 하러 강의를 듣겠는가? 그러니 강의를 할 때는 학생들이 더욱 잘 이해할 수 있도록 적절한 예나 비유를 잘 들어주어야 한다. 설교도 마찬가지이다. 똑같은 하나님의 말씀, 교훈을 전해도 적절한 예제와 비유를 활용하면 청중들이 더 잘 배울 수 있다.

다른 방법들을 섞어서 쓰는 것도 좋다.

강의법이 위에 언급한 대로 분명한 단점이 있기는 하지만 그럼에도 불구하고 요즘도 많이 쓰이는 이유가 하나 있는데 그건 이 강의법은 다른 여러 가지 방법이랑 섞어서 쓰기 좋기 때문이다. 즉 강의법 자체는 학습자들을 수동적으로 만들 수 있지만 이 강의법에다가 브레인스토밍이나, 역할극 혹은 소그룹 토의 등의 방법들을 섞어서 쓰면 강의의 장점은 살리고 단점을 보완할 수 있게 된다.

강의구성 및 진행방법에 있어서의 팁

- 문제와 그 해결책: 이는 문제를 먼저 제시하고 어떻게 그 문제를 해결해 나갈 수 있는가 하는 구조를 가지고 강의를 해나간다. 서론에서는 문제 제기와 그 문제의 배경들을 설명하고, 본론의 내용을 통해 그 문제를 해결하기 위해 학생들이 알아야 할 것들을 하나씩 설명해 나간다.

- 분류 체계에 따른 진행: 연대기적인 순서 (일어난 시간 순으로 강의

해 나가는 것, 역사 강의에는 유익하다), 공간적인 순서(집의 기능이라 그러면 아래에서부터, 기초에서부터 하나씩 알려주는 것), 쉬운 내용에서 어려운 내용으로 (의외로 이걸 사람들이 못 지킨다. 처음에는 쉽고 흥미 있는 내용에서 점점 깊이 있고 어려운 이야기로), 일반화에서 개별화로 (일반적인 원론을 먼저 제시하고, 그 다음에 각각에 맞는 개별적인 상황 설명), 혹은 어떤 중요한 이슈가 있다면 한 편의 주장을 제시한 후 그 반대편의 의견을 제시한다. 즉 찬성하는 쪽 먼저 이야기하고 반대하는 쪽 이야기를 한다.

- 정보와 적용: 새로운 정보 이야기하고, 그것을 적용할 수 있는 방향으로 이끌어간다. 학생들이 알지 못하는 새로운 정보를 알려줄 때는 먼저 정보를 이야기하고, 그 새로운 정보를 어떻게 적용할 수 있는지 알려준다.

성경과 기독교교육의 예

최고의 교사이신 예수님께서도 사람들을 진리 가운데로 인도하고 확신을 주기 위해서 강의법을 종종 사용하셨다(마 5-7장, 요 14-17장). 그리고 베드로도 사도행전 2장의 설교를 통해 사람들에게 복음의 진리를 선포하였다. 사도 바울 역시 최고의 메신저 중의 한 사람이었는데, 그 역시 아덴 사람에게 선포한 설교를 통해 복음을 전하였다(행 17:22-31).

기독교교육에서도 강의법은 많이 사용되고 있다. 특별히 전체 공동체가 함께 모여 말씀을 듣는 설교나 특강이 강의법에 해당하는 것으로 볼 수 있다. 그런데 문제는 가끔 소그룹 모임이나 공부(소그룹 성경공부나 분반공부)에서도 강의를 하는 사람이 있다. 이건 좋지 않은 방법이 될 수 있다. 강의는 대그룹에 적당한 교수법이므로 소그룹으로 모일 때는 소그룹에 좋은 교수법을 쓰는 것이 좋다.

2) 질문법 (Question and Answer)

단순히 사실이나 내용을 전달하고 노트를 암기하는 것이 아니라 교수자와 학습자가 함께 내용에 관해 그리고 각자의 생각에 대해 질문하고 답하면서 생각을 정교화 해 나가는 교수-학습의 방법이다. 사실 역사가 굉장히 오래된 것으로 소크라테스의 문답법, 기독교의 교리문답, 중세 시대의 문답법 등을 그 예로 들 수 있다. 아무튼 이 방법은 기본적으로 가르치는 자가 질문하면 학생들이 대답을 하고, 또 학생들이 질문을 하거나 그러면 가르치는 자가 다시 답을 하는 등 가르치는 사람과 배우는 사람 사이의 활발한 상호작용을 일으키는 방법이다.

장점	• 가르치는 사람과 배우는 사람 사이에 활발한 상호작용이 이루어진다. • 학습자의 구체적인 필요에 명확한 답변을 전달한다. • 다른 방법과 쉽게 병행할 수 있다. • 학생들의 주의를 집중시키고 깊은 사고를 유도할 수 있다.
단점	• 따로 형식이 있는 것이 아니므로 과정을 잘 이끌어 가야 한다. • 많은 시간이 필요할 수 있다. • 한 두 사람이 수업을 지배할 수 있다.
효과적 준비	• 바람직한 자세로 질문한다. • 좋은 질문을 준비한다. • 숙련된 교수 경험이 필요하다. • 학생들이 편안하게 질문할 수 있는 분위기를 만든다.

■ 장점

- 가르치는 사람과 배우는 사람 사이에 활발한 상호작용이 이루어진다.

가르치는 사람 혼자 수업을 이끌어 가는 것이 아니라 학생의 생각을 학습의 과정에 포함시킬 수 있다. 즉 질문을 던지고 학생들이 답변하게 되고 그 답변에 대한 피드백을 교수자는 해주게 된다. 또한 학생들이 자신들이 잘 이해가 되지 않거나 모르겠는 부분이 있으면 질문을 하게 되고 그러한 교수자의 답변에 학생들이 다시 반응을 하는 등 양방향의 활발한 상호작용이 일어난다.

- 학습자의 구체적인 필요에 명확한 답변을 전달한다.

일반적으로 강의 같은 경우는 가르치는 사람이 학생들의 필요를 예상하고 거기에 필요한 내용을 전달하게 된다. 그렇기에 그러한 필요가 일치될 때도 있지만 그렇게 되지 않을 수도 있다. 그러나 질문법 같은 경우 교수자가 생각하는 학생의 필요가 아니라 학생들이 스스로 자신들의 질문을 하게 하기 때문에 학습자의 구체적인 필요가 무엇인지 분명히 알 수 있다. 그리고 거기에 대한 답을 주게 될 경우, 학생들의 구체적인 필요와 지적 궁금증들을 채워줄 수 있는 것이다.

- 다른 방법과 쉽게 병행할 수 있다.

질문법의 가장 큰 장점 중에 하나가 바로 이 점이다. 강의, 그룹 토의, 패널 토의 등 전통적인 학습 방법은 최근 많이 활용되고 있는 다양한 참여 중심의 학습법들과 쉽게 병행할 수 있다.

즉 어떤 교수 방법을 교수자가 사용한다고 해도 질문을 하고 답을 하는 질문법은 함께 사용될 수 있다.

– 학생들의 주의를 집중시키고 깊은 사고를 유도할 수 있다.

일단 강의 중에 학생들은 대단히 수동적인 자세를 가지게 된다. 그러한 학생들에게 일단 질문을 던지면 그들에게는 인지적 불평형 상태(disequilibrium)가 발생하게 된다. 그러므로 주의가 집중이 된다. 또한 질문을 던지면 자연스럽게 그 질문에 대한 답을 찾으려고 하게 되는데 그 과정에서 보다 깊은 사고를 하게 된다. 과연 답이 무엇일까? 가능한 여러 가지 답을 생각해 보고, 그 답들을 서로 평가하고 종합하여 한 가지의 답을 만드는 보다 고차원의 정신기능을 사용하게 된다.

■ 단점

– 질문법이라는 것이 따로 형식이 있는 것이 아니므로 과정을 잘 이끌어 가야 한다.

사실 다른 교육법은 진행하는 형식이 있기도 하다. 그러나 질문법은 그런 것이 따로 없기 때문에 진행과정을 잘 이끌어 가야 한다. 즉 지혜롭게 학생들의 반응에 피드백들을 주면서 더 많은 학생들이 답변에 참여하도록 하고, 답을 제시할 타이밍을 계산하며, 그 이전에 나왔던 모든 답변들을 잘 종합하여 정리하는 등 노련하게 과정을 잘 이끌어 가야 효과적인 질문법의 사용이 된다.

– 많은 시간이 필요할 수 있다.

사실 질문법을 사용하면 당연히 강의법에 비하면 시간이 더 많이 걸린다. 그러나 이건 조금 상대적인 이야기이다. 일방적으로 지식을 전달하는 강의에 비해 많은 시간을 요할 수 있다는 것이지 다른 참여 중심 교육법에 비하면 그렇게 많이 걸리는 것도 아니다.

– 한 두 사람이 수업을 지배할 수 있다.

질문이 많고 말을 많이 하는 사람이 주로 답을 하고 질문할 수 있다. 이러한 경우를 대비하여 적절히 끊어줄 필요도 있다. 즉 답변을 한 사람이 또 답을 한다거나 질문을 한 사람이 또 질문을 하게 되는 일이 생길 경우, 그 학생에게 양해를 구하고 난 뒤 다른 사람의 의견도 들어보자고 제안을 하라. 그리고 혹시라도 질문을 했는데 첫 번째 응답자가 바로 답을 이야기했다고 하더라도 내색하지 않고(당황하지도 말고), 다른 학생들이 답을 하기를 기다렸다가 종합하도록 한다.

■ 효과적 준비

– 바람직한 자세로 질문한다.

질문법은 학습자와 교수자의 상호작용을 전제로 하기 때문에 교수자가 질문하는 태도나 자세가 정말 중요하다. 우선 질문은 전체 학습자를 향하여 해야 한다. 즉 평소에 친하거나 모범적인 학생에게만 질문하는 것이 아니라 전체 학생들에게 질문하고 전체 학생들이 답을 할 수 있도록 한다. 또한 학생의 응답에 긍정적인 반응을 보여야 한다. 학생들의 답이 제대로 된 것이 안 나와도 대화가 계속 진행될 수 있는 질문들을 해야 한다. "그게 무슨 뜻이지?", "그렇게 말하는 이유는?", "좀 더 자세히 구체적으로 이야기해 볼래?", "예를 하나 들어줄 수 있니?" 이런 식으로 계속 대화를 이어가 학생들이 무엇을 이야기하려고 하는지 정확히 표현할 수 있도록 도와야 한다. 그리고 질문을 했다면 질문에 대하여 생각할 충분한 시간을 학습자에게 주어야 한다. 즉 질문을 한 후 어색한 침묵이 흐르더라도 참고 학생들이 자신의 생각을 정리하고 답변을 할 때까지 기다려야 한다.

– 좋은 질문을 준비한다.

질문법이 성공하느냐 실패하느냐는? 교수자가 좋은 질문을 하느냐에 달려 있다. 그렇다면 좋은 질문이란 무엇인가? 단순히 기억된 사실을 떠올리는 질문이 되어서는 안 되고 의견, 아이디어, 설명, 그리고 추론을 위해 던지는 질문이어야 한다. 깊이 생각하게 하는 질문, 즉 정해진 정답 이런 것이 딱 없어서 학습자들이 생각하도록 하는 질문이다.

한 가지만 예를 든다면 질문에는 열린 질문과 닫힌 질문이 있는데 열린 질문을 하는 것이 좋다. 그렇다면 열린 질문은 뭐고, 닫힌 질문은 뭐냐? 우선 닫힌 질문은 예나 아니오, 혹은 간단히 답을 할 수 있는 질문을 이야기한다. 너 점심 먹었니? 배운 것 기억나니? 와 같은 질문들이다. 그런데 질문법에서는 이런 질문하게 되면 큰 일 난다. 예/아니오로 답을 하고 나면 학생들이 별로 생각할 필요나 여지가 없다. 반대로 열린 질문은 간단히 정의하자면, 정해진 답이 없어서 아이디어가 '쉽게' '많이' 나올 수 있는 질문이다.

덧셈을 예로 들어 보자. 학생들에게 "2+5=ㅁ"라고 묻는다면 어떻게 답을 할까? 학생들은 크게 고민하지 않고 "7" 라고 대답할 것이다. 그러나 "ㅁ+ㅁ=7" 라고 묻는다면 학생들은 이미 알고 있는 답, 예를 들어 '3+4' 부터 시작해서 여러 가능한 답을 계속 찾아낼 것이다(실제로 시켜보면 나중에는 분수, 소수점, 루트 등 정말 다양한 답이 나온다). 이렇게 쉬운 것 혹은 잘 알고 있는 것부터 시작해서 계속 생각을 더해 여러 개의 답을 찾아내도록 하는 것이 열린 질문이다. 질문법에서는 이러한 열린 질문을 사용해야 한다.

열린 질문과 닫힌 질문의 예를 한 가지 들어보겠다.

닫힌 질문: 아기 예수님이 태어나신 곳은 어디이죠? (답: 베들레헴 마굿간)

열린 질문: 예수님은 동물들이 살고 있는 곳에서 태어나셨어요. 그런 곳에 있어야 했던 아기 예수님과 그 어머니는 어떤 기분이 들었을까요? 혹은 예수님이 오늘날 태어나신다면 하나님은 예수님의 탄생지로 어디를 선택하실까요? (답은 여러 가지가 될 수 있다)

이런 식으로 생각을 자극하는 열린 질문을 하라. 그렇지만 또 닫힌 질문이 무조건 나쁜 것은 아니다. 처음에는 닫힌 질문으로 시작하는 것이 좋다. 귀납적 성경공부도 해보면 처음에는 단순한 관찰 질문에서 시작해서 점점 생각을 많이 해야 하는 해석과 적용 질문으로 간다. 이와 같이 처음에는 닫힌 질문을 시작해서 학생들의 입이 열리게 하고 그 다음에 열린 질문으로 옮겨가는 것이 좋다. 처음부터 열린 질문하면 오히려 힘들다. 물론 닫힌 질문만 하면 안 된다. 그리고 열린 질문을 해야 할 타이밍에 닫힌 질문을 하니 나쁜 것이다.

그리고 좋은 질문이란 목적이 뚜렷한 질문이다. 즉 그냥 생각 없이 질문하면 안 된다. 내가 답을 원하는 것인지, 사람들이 생각하기를 원하는 것인지, 일단 이것부터 확실히 해라. 그리고 그것을 학생들도 확실히 알 수 있도록 해야 한다. 또한 분명치 않거나 너무 일반적/포괄적인 질문은 피하라 (사랑이 의미하는 것이 뭘까요?) 아니면 포괄적인 질문을 먼저 던져놓고 그 다음에 좀 더 구체적으로 좁혀가라. (신앙생활에서 제일 중요한 것이 무엇이냐? 기독교인은 이렇게 살아야 하는데 내가 제일 못 하고 있는 것이 무엇이냐? 내가 다른 사람들이 신앙생활하는 모습을 볼 때마다 가장 부러운 게 뭐냐?)

■ 교수 경험과 분위기 조성

질문법을 성공적으로 사용하기 위해서는 꽤 숙련된 교수 경험이 필요하다. 특히 질문법을 정해진 형식이 없다보니 더더욱 그렇다. 그리고 활발한 질문과 답변이 일어나도록 하기 위해서는 학습의 분위기를 잘 조성하는 것이 중요하다. 즉 평소에도 학생들이 질문하거나 할 때 그 질문에 대해서 비웃거나 무시해서는 안 되며, 어떠한 답이 나오더라도, 그러한 답변에 대해 바보같은 것이라는 반응을 해서는 안 된다. 학생들의 답변과 반응을 철저하게 존중해주어야 한다.

■ 성경과 기독교교육의 예

예수님께서도 복음서에 기록되어 있는 것처럼 사람들이 생각하고 진리를 찾도록 하기 위해 225번 질문하셨다.

마 6:28

너희가 어찌하여 의복을 위하여 염려하냐?

마 7:3

어찌하여 형제의 눈 속에 있는 티는 보고 네 눈 속에 있는 들보는 깨닫지 못하냐?

마 14:31

믿음이 적은 자여 왜 의심하였느냐?

눅 10:26

예수께서 이르시되 율법에 무엇이라 기록되었으며 네가 어떻게 읽느냐?

그리고 사도 바울은 그 보다 더 많은 250번의 질문을 사도행전과 각 서신서들을 통해서 했다.

기독교 교육에서도 질문법은 많이 사용되고 있다. 질문법이 대표적으로 쓰이는 것이 무엇인가? 바로 성경공부이다. 성경공부 교재가 어떤 식으로 구성이 되어 있는가? 보통 질문이 쭉 있고, 성경을 보면서 답을 찾아가는 것으로 구성이 되어 있다. 그러므로 좋은 성경공부 교재를 찾는 법을 묻는다면, 디자인이나 편집, 그런 것보다도 그 안의 질문이 좋은 교재가 좋은 교재라고 할 수 있다.

그리고 기독교의 요리문답들도 질문법에 들어간다. 요리문답은 기독교의 핵심 진리를 가르치기 위해 문답식으로 작성된 신앙고백인데, 가장 대표적인 예라고 할 수 있다. 또한 설교나 특강(즉 강의 중에도)에도 이 방법은 많이 쓰인다. 청중에게 생각하게 하거나 주제로 유도하기 위해서 질문을 던진다. 그러나 설교 중에 설교자가 던지는 질문들은 대부분 답을 요구하지는 않고 생각을 하게 하는 경우가 대부분이지만, 특강 같은 것을 진행할 때는 가끔 답을 요구해 봐도 괜찮다. 마이크를 넘기거나 아니면 학생 중 몇 명을 강당으로 올라오게 하거나 하는 방법으로 대그룹 강의지만 학생들의 참여를 유도할 수 있다.

3) 그룹 토의 (Group Discussion)

두 명이나 그 이상의 사람이 의견, 경험, 정보들을 나누고 함께 아이디어를 제시한 후 평가한다. 이 교수법 역시 거의 모든 교과목, 교육 환경에서 매우 유용하게 활용될 수 있다.

근본적으로 소그룹 환경에서 좋다. 그러나 대그룹에서도 물론 더 좋고, 아니 더 좋을 수도 있다. 대그룹을 작은 소그룹들로 나눠서 토의하게 하고 나중에 의견을 서로 발표하게 하면 자기 그룹이 이야기 못한 것들을 서로 배울 수 있다.

장점	• 높은 수준의 상호작용, 흥미 • 학습자 모두의 생각과 경험을 모을 수 있다. • 그룹 멤버의 구체적인 필요를 충족시킬 수 있다.
단점	• 많은 시간이 필요하다. • 정해진 토의 주제에서 이탈하거나 무책임한 태도나 의견이 나올 수 있다. • 발언이 특정 몇몇 사람들에게만 편중되는 현상이 일어날 수 있다.
효과적 준비	• 토의의 목표를 분명히 정하고 필요한 시간을 정한다. • 토의의 진행과정을 계속 관찰해야 한다. • 주제는 열린 질문으로, 또 구체적으로 한다.

■ 장점

이 방법은 전통적인 교수방법 중 가장 학생들이 활발하게 참여하게 되는 교수법이다. 질문법도 꽤나 높은 상호작용과 참여를 불러일으키지만 대체로 질문법은 대그룹 상황에서 사용되게 된다. 그렇기 때문에 학생들이 많은 사람들 앞에서 자신의 의견을 발표하거나 질문을 하는 데에 부담감을 느낀다. 그러나 그룹 토의에서는 5-6명 정도의 작은 인원이 모인 곳에서 자신의 의견이나 질문을 하게 되기 때문에 보다 편하게 자신의 의견을 표현할 수 있게 된다.

그리고 이 방법을 사용하게 되면, 학생들은 개인별로 생각하는 것 이상을 얻을 수 있다. 즉 그룹 멤버들이 서로의 생각들을 나누고 함께 모으게 되기 때문에 자신이 미처 생각지 못했던 것을 다른 학생들이 생각하게 되면 서로 배울 수 있게 되고 처음에 혼자 생각한 것보다 더욱 정리되고 종합된 의견을 내놓을 수 있게 된다.

■ 단점

그러나 이 그룹 토의의 가장 중요한 단점 중 하나는 시간이 많이 소요될 수 있다는 것이다. 즉 학생들의 참여도와 상호작용의 정도는 굉장히 높아지지만 그만큼 많은 시간이 필요한 것이 사실이다. 그러므로 그룹 토의를 진행할 생각이라면 충분한 시간을 배분해야 한다. 그리고 토의가 진행될 때, 마치는 시간이 얼마나 남았는지 중간 중간 알려줌으로써 학생들이 자신들의 토의 과정을 잘 조절할 수 있도록 도와주어야 한다.

그리고 정해진 토의 주제에서 이탈하거나 무책임하게 참여하지 않는 태도들이 나타날 수도 있고, 또 그룹 내의 토의 과정이 한 두 사람에 의해 지배되는 상황이 벌어질 수 있는데 그러한 일이 생기지 않도록 교수자는 전체 토의 그룹을 돌아다니며 모니터해야 한다.

■ 효과적 준비

이 그룹 토의는 철저한 사전 계획에 의해서 준비되어야 한다. 즉 토의를 왜 하는지, 어떻게 주제를 던져줄 것인지, 어느 시점에 할 것인지 등 모든 제반 진행들이 사전에 준비된 것이어야 한다. 그리고 토의가 진행되는 동안 그냥 강단에서 기다리고 있는 교수자들도 종종 볼 수 있는데 좋은 태도가 아니다. 학생들이 그룹 토의를 할 때는 제자리에 머물러 있지 말고 각 토의 그룹들을 방문하길 바란다. 그래서 정해진 토의 주제를 잘 토의하고 있는지, 너무 한 두 사람에게 치중되고 있지는 않는지, 그리고 혹시 다른 사람에게 맡겨 버리고 무책임하게 있는 사람은 없는지 확인해야 한다. 그렇게 돌아다니면서 확인하게 될 때, 토의가 어느 정도 진행되고 있는지 확인할 수 있고(남은 시간을 계산하기도 편하다) 학생들도 너무 풀어져 주제에서 벗어나는 일이 줄어들게 된다.

■ 기독교교육의 예

기독교교육에서도 이 토의는 빠질 수 없다. 소그룹 성경공부의 핵심이 되는 것이 바로 이 토의이고, 특강 중에도 얼마든지 쓰일 수 있다. 특히 성경공부를 마무리하면서 오늘 배운 내용들을 어떻게 우리 삶 가운데 적용할 것인가를 고민할 때에는 이 방법이 탁월하다. 서로의 구체적인 상황이나 필요를 나누고 서로 배울 수 있으며, 좋은 적용의 아이디어들을 서로 공유할 수 있다.

4) 배심토의 (Panel Discussion)

토의 주제와 연관된 전문가 3명 이상의 사람들이 함께 모여 자유롭게 토의하는 방법으로 다각적인 의견을 자유롭게 발표하며 토의한다. 이 배심토의의 목적은 어떤 특정한 결론을 내리는 것이 아니다. 대신 토의자는 물론 참가한 사람이 다양한 전문가들의 견해를 듣고 보다 풍부한 사고를 하는 것이다. 그렇기 때문에 이 방법은 한 가지 결론만 있는 내용보다는 관점에 따라 다른 결론을 내릴 수 있는 주제를 다루는 것이 좋다.

장점	• 다양한 전문가들의 서로 다른 견해들을 들어볼 수 있다. • 학습자들이 다양한 견해들을 듣고 풍부한 사고를 하게 한다. • 토의자가 자주 바뀌기 때문에 토의의 긴장감이 잘 유지되며 청중들의 주의 집중이 용이하다.
단점	• 토의가 독점되지 않고 모든 사람들이 주제에 집중할 수 있도록 능력 있는 사회자가 필요하다. • 토의가 이성적이고, 논리적으로 전개되지 않을 수도 있다. • 내용보다는 전문가의 성격이나 인기도, 그리고 화법에 의해 좌우될 수 있다.
효과적 준비	• 토의 주제 선정할 때 일방적인 정보 전달의 필요성이 있는 것이 아니라 관심이나 동기 유발, 다양한 의견을 수용할 필요성이 있는 것을 선정한다. • 토의에 참여하는 전문가에게 사전에 취지를 잘 설명한다. • 전문가들이 발표하는 시간을 미리 알려주고 잘 지키게 한다.

■ 장점

배심토의의 가장 중요한 장점이라고 하면 모든 청중들이 전문가들의 다양한 견해를 들어볼 수 있는 것이다. 사실 사회의 많은 요소들이 흑과 백 같이 분명한 장단점, 니 편 내 편으로 나누어지는 것이 아니라, 굉장히 복잡한 얼굴과 요소들로 이루어져 있다. 그렇기 때문에 한 쪽에서 보면 좋아 보이는 것도 다른 쪽에서 보면 바람직하지 못한 것으로 보이기도 한다. 이와 같은 한 가지 이슈에 대한 다양한 얼굴을 보고, 토론 참여자는 물론 모든 청중들이 폭넓고 다양한 열린 사고를 하게 된다.

■ 단점

그러나 이 배심토의가 잘 이루어지기 위해서는 원활하게 토의를 이끌어 나갈 사회자가 꼭 필요하다. 즉 토의가 어느 특정인에게 집중되거나 하는 일이 없도록 원활하게 이끌고, 또 사람들의 주의를 잘 집중시킬 수 있는 진행자가 있어야 잘 진행될 수 있다. 그리고 때로는 토의가 격해질 경우 내용이 이성적이고 논리적으로 전개되는 것이 아니라 개인의 감정이나 인신공격성 발언들로 채워지게 될 수도 있고, 어떤 내용의 전문가가 발표의 전문가가 아닐 수 있기 때문에 내용의 충실성 보다 발표자의 인기도나 화법에 의해 토의장의 분위기가 좌우될 수도 있다. 또한 이러한 배심토의를 듣는 청중들은 역시 강의의 청중들처럼 수동적인 상태에 빠질 수 있는데 그러한 일이 없도록 질문도 하게 하고 청중도 발표를 하게 하면 좋다.

■ 효과적인 준비

효과적인 배심토의의 진행을 위해서는 우선 주제를 잘 선정해야 한다. 일단 주제 자체가 다양한 의견이 나올 수 있는 것이어야 한다. 그러므로 한쪽으로 분명하게 의견이 쏠릴 수 있거나 금방 결론이 날 수 있는 토론 주제는 배심토의를 위한 주제로 적당하지 않다. 그리고 사전에 발표할 전문가들과 의견 조율이 잘 되어야 한다. 토론의 방식이나 순서, 그리고 각자 배당된 시간 등등 사전에 필요한 내용을 잘 전달하여 토의가 원활하게 진행되도록 한다.

한 가지 팁은 전문가들이 발표해도 좋지만 학생들에게 여러 관점들 중에서 한 가지를 선택하게 하고 그 관점과 주장을 연구, 발표하게 해도 좋은 결과가 나온다.

■ 기독교교육의 예

기독교교육에서 배심토의는 그다지 많이 쓰이지 않는다. 일단 성경적인 주제를 다루다 보면 여러 결론이 나는 것들을 다룰 것이 별로 없고, 또 어느 정도 학습자들이 나이가 있고 사고 능력이 있어야 도움이 되는 것이기 때문이다. 그렇기에 기독교교육을 위한 학회나 가야 배심토의를 볼 수 있다.

그러나 기독교교육을 위해서도 배심토의는 다양하게 쓰일 수 있는 가능성이 있다. 우선 선교에 대해서 학생들에게 가르칠 때도 유용할 수 있다. 무엇보다 다양한 선교의 전략들을 공부할 때 사용하면 유용할 것이다. 그리고 혹은 약간은 모호할 수 있는 윤리적인 문제들, 예를 들면 안락사, 동성애 등의 문제들을 가지고 배심토의를 하면 청소년이나 청년들이 흥미를 가지고 참여할 수 있을 것이다.

2. 참여 중심 교수법

참여 교수법, 혹은 참여 중심 교수법은 전통적인 교수법과는 달리 교수자가 아닌 학습자가 수업의 중심이 되는 교수법을 가리킨다. 그렇다면 왜 이 참여교수법을 써야 하는가? 우선 이 이야기부터 나눠보자.

전통적으로 이런 믿음 있었다. 즉 어떤 학생이 장차 사회에 나가 성공하느냐 그렇지 못하느냐의 여부는 그 학생이 얼마나 많은 정보를 소유하고 있느냐에 달려 있다 이렇게 생각했다. 그래서 가르침의 주된 초점이 무엇이었냐 하면 짧은 시간 내에 될 수 있는 한 많은 정보를 학생들에게 전달하는 것 여기에 있었다. 그래서 잘 가르친다 하는 것의 핵심이 뭐였는가 하면 얼마나 효과적으로 학생들에게 정보를 전달하고 그것을 이해시키고 암기시키느냐 여기에 있었다. 그리고 우수한 학생은 그렇게 선생님이 설명한 내용을 잊어버리지 않고 시험 답안에 잘 적을 줄 아는 학생을 우수한 학생으로 여겼다.

그러나 여기에는 두 가지 커다란 문제가 있었다. 첫째, 학생들을 수동적으로 만든다. 최근 학생들이 과연 어떻게 배우느냐, 어떻게 학습이 일어나느냐, 에 대한 연구가 활발하게 일어나고 있는데 하나같이 전통적인 교수-학습방법의 문제점을 지적하고 있다. 즉 무엇이냐 하면 전통적인 패러다임 속에서는 주된 가르침의 방법이 강의가 되어야 한다. 짧은 시간에 많이 전해야 하기 때문이다. 그리고 학생들은 아무 소리 하지 않고 받아 적고 암기하는게 전부이다. 그런데 연구를 해보니 이렇게 강의 중심으로 가르쳤을 때, 가장 큰 문제가 뭐냐 하면 학생들을 수동적으로 만든다는 것이다. 즉 그냥 아무 반응 없이 받아 적기만 하게 되는데 이러한 수동성이 학생들의 학습을 방해한다는 것이 발견되었다.

두 번째 문제는 전달되는 정보 자체에 문제가 생긴다. 즉 사회가 복잡해지고, 정보의 양이 기하급수적으로 늘어나다보니 어떤 정보를 한 개인이 다 소유한다는 것, 즉 모든 정보를 이해하고 암기한다는 것 자체가 불가능해 진 것이다. 대신 무엇이 중요해 졌는가? 한 개인이 정보를 검색하고, 분류하고 얻어진 정보의 중요성을 평가하고 분석하는 능력이 더욱 중요하다는 것이 밝혀졌다. 그런데 문제는 뭐냐? 이 능력은 전통적인 교수-학습의 방법 속에서는 잘 다루어지지도 않고, 길러지지도 않는다는 것이다. 즉 정보가 중요한지 어떤지 학생들이 평가하지 않고 선생님이 중요하다 그러고, 시험에 나온다 그러면 형광펜으로 줄긋고 달달 외우고 이렇게 하니 정보를 분석, 평가하는 능력이 길러질 수가 없는 것이다.

그러므로 전통적인 패러다임인 교사 중심 패러다임(teacher-centered paradigm)에서 학습자 중심 패러다임(learner-centered paradigm)으로 패러다임의 전환이 일어나야 한다. 즉 가르치는 자가 중심이 되는 것이 아니라 학생이 중심이 되는 것이고 교수자가 뭘 가르쳤냐가 중요한 것이 아니라, 학생들이 뭘 배웠냐가 중요해 지는 시대가 되었다.

이 학습자 중심 패러다임에서는 교사와 학생의 역할들이 바뀌게 되었다. 관심이 교수가 아닌 학생, 가르침이 아닌 배움에 있기 때문에 교수자가 절대적인 권위를 가진 정보 전달자가 아닌 학생들 가운데 배움이 일어날 수 있도록 환경을 조성하는 그런 역할을 하게 되었다. 반면에 학생들의 역할도 바뀌게 되었다. 예전에는 무조건 교수의 말에 순종하며 수동적으로 참여하는 (그저 받아적기나 하는) 그런 역할이었다면, 이제는 수업의 주도자로 바뀌게 되었다. 학생들 자신이 적극적으로 참여하며 수업을 이끌어 가는 것이 이상적인 모습이 되었다.

또한 교사 중심의 패러다임과 학생 중심의 패러다임은 지식과 배움에 대해서도 다른 시각을 가지고 있다. 교사 중심의 패러다임에서는 학습자를 마치 빈 항아리와 같은 존재로 보고, 그 항아리에 학습자가 많은 정보를 채워 넣었을 때 학습이 이루어졌다고 생각한다. 이렇게 생각할 경우, 학습은 단순 전이가 가능하다. 교사의 항아리에 있는 물을 학생의 항아리로 그냥 옮겨 담으면 되는 것이다. 즉 교사의 강의 노트에 있는 것을 학생들의 노트에 옮겨 적도록 하면 되는 것이다. 이와 같이 지식과 배움에 대해 바라보면, 전통적인 교수법으로 충분하고 또 그게 가장 효과적이다.

그러나 배움에는 한 가지 수준이 더 있는데, 그것은 학생 중심의 패러다임이 주장하는 지식 구성의 차원의 배움이다. 이 수준에서는 단순히 빈 항아리를 채워 넣는 것이 아니라 항아리에 담겨진 정보로 학습자 개개인들이 의미를 탐색하며 나름대로 지식을 구성해 나간다는 것이다. 그러므로 지식 구성의 차원에서의 배움은 결코 전이될 수 없으며, 교수자가 학습자에게 그대로 전수할 수 있는 것도 아니다. 학습자는 자신의 항아리에 담겨진 정보가 과연 어떠한 의미를 갖는 것인지 탐색하고 해석해야 하며, 교수자는 이러한 의미 탐색과정에서 안내자 역할을 해야 하는 것이다.

정말 교수자 중심의 전통적인 교수법의 한계들이 점차로 명백하게 드러나고 있으며, 학생 중심의 참여 교수법의 필요들이 더욱 심화되고 있는 상황이다. 그런데 이러한 거창한 이유가 없이도 참여교수법을 사용해야 할 이유는 충분해 보인다.

왜냐하면 학생들이 수업에 참여하게 될 때 그들의 배움이 더 증진되기 때문이다.

기원전 451년 공자는 이런 말을 남겼다. "들은 것은 잊어버리고 본 것은 기억만 되나, 직접 해 본 것은 이해된다" 그런데 사실 교육의 목적이 이런 것이 아닌가? 단순히 학습자로 하여금 강의를 듣게만 하거나 기억하게만 하는 것이 아니라 그 내용을 이해해서 사신의 삶 가운데 적용하고, 실행하도록 만드는 것, 이게 교육의 목적이다. 그렇다면 이러한 목적을 위해서는 학생들이 듣거나 보기만 하도록 하는 것이 아니라 직접 해 볼 수 있는 기회를 더 많이 제공해야 한다.

또 연구 결과에 의하면 읽은 것은 10%, 들은 것은 20%, 들으며 읽는 것은 30%, 보고 들은 것(시범을 통해 설명해 준 것) 50%, 소리 내여 읽거나 토의한 것은 70%, 그리고 스스로 해 본 것은 90% 기억한다고 한다(한정선, 2005 재인용).

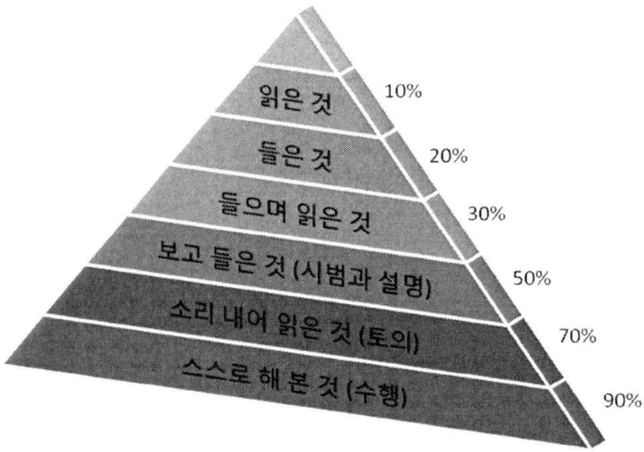

이와 같이 참여 중심 학습법은 학습의 효과 역시 뛰어난 것으로 나타나고 있기에 교실에서 학생들을 가르칠 때 충분히 시도의 가치가 있어 보인다. 그렇다면 학생들의 참여가 중심이 되는 참여 교수법에는 어떠한 것들이 있는가?

1) 브레인스토밍 (Brainstorming)

브레인스토밍은 학습뿐만 아니라 기업체의 회의 등에서도 자주 활용되는 방법으로, 학습자 혹은 회의 참석자가 격식 없이 의견이나 아이디어를 자유롭게 제안하여 보다 나은 새로운 아이디어를 찾아가는 지적 활동이다. 브레인스토밍은 주로 새로운 아이디어가 필요한 경우나 기존의 전통이나 관습 같은 것에서 벗어나 새로운 뭔가를 만들어 낼 때 잘 쓰인다. 그래서 우선은 아이디어를 마구 쏟아내도록 하고, 그 다음에 그 나온 아이디어들을 이리저리 묶어 범주로 나눈다. 그리고 그 나눠진 범주를 종합해 아이디어를 도출해 내면 된다.

장점	• 그룹 구성원 모두 흥미를 가지고 참여할 수 있다. • 전체 그룹 멤버들의 지식과 경험이 총 망라된다. • 아이디어가 꼬리를 물고 떠오를 수 있다.
단점	• 산만하거나 시끄러워 질 수 있다. • 갑자기 아이디어가 생각나지 않을 수도 있다.
효과적 준비	• 교수자가 미리 예상 목록과 범주를 생각해 둔다. • 5-10 분 정도로 시간을 제한을 두고 시작한다. • 사람들의 아이디어가 쏟아져 나올 수 있도록 마중물을 부어준다.

■ 장점

우선은 진행 자체가 아주 재미있을 수 있다. 특별한 부담 없이 구성원들이 각자의 아이디어들을 내놓는 것이기에 밝고 시끌벅적한 분위기 속에서 자유롭게 자신의 의견들을 개진할 수 있다. 그러다 보니 그룹 멤버 모두의 생각이나 경험, 노하우 등 모든 것이 총망라되기가 쉬우며, 한 사람의 아이디어에서 다른 사람이 영감을 받아 또 다른 아이디어들을 내 놓는 등의 일이 일어나 처음 시작 전에는 상상도 하지 못했던 좋은 해결책이나 아이디어가 생기는 경우가 많다.

■ 단점

역시 단점이라면 우선 진행이 시끄러워지거나 산만해질 수 있다는 것이다. 왜냐하면 브레인스토밍에서 중요한 것은 질보다 양이기 때문에 일단 폭풍처럼 아이디어를 쏟아내도록 해야 한다. 그렇기에 시끄러워질 소지가 다분하며, 혹은 주제와 상관없는 아이디어들이 쏟아져 나와 삼천포로 빠져 버리는 일도 생길 수 있다. 또한 아이디어가 샘솟듯 계속 나오면 좋겠지만 종종 꽉 막혀서 아무 아이디어도 생각나지 않을 때도 있다. 그렇게 되면 분위기도 가라앉게 되고, 멤버들의 불평이 나타날 수 있다.

■ 효과적 준비

효과적인 진행을 위해서 처음에 시작하기 전에 시간을 5-10분 정도로 제한해 분명히 정해 놓고 시작할 필요가 있다. 그렇지 않으면 왁자지껄한 분위기 속에 마구 늘어지게 될 수도 있다. 또한 브레인스토밍을 시작하기 전에 교수자가 미리 어떤 아이디어가 나오고, 어떤 범주들이 만들어질지 대강 예상해 두어야 한다. 그래야 당황하지 않고 쏟아져 나오는 아이디어들을 적절하게 나누어 범주화 하고, 또 나눠진 범주들에 기초해 아이디어들을 종합해 낼 수 있다. 그리고 중간에 아이디어가 나오지 않고 막히게 될 수도 있기 때문에 교수자가 몇 가지 아이디어들을 미리 생각했다가, 그럴 때마다 뚫어주는 것이 좋다. 아니면 처음에 몇 가지 아이디어들을 먼저 보여줌으로써 활발한 브레인스토밍이 진행되게 도울 수도 있다.

■ 기독교교육의 예

브레인스토밍 자체는 기독교교육에서 그렇게 많이 쓰이지는 않지만 그 가능성은 무궁무진하다고 할 수 있다. 특별히 청년부나 교사 회의 등에서도 다양한 목적을 위해 사용될 수 있고, 특별히 성경공부를 마무리하면서 적용의 예를 찾을 때도 유용하게 쓰일 수 있다. 그리고 강의 도입 부분이나 중간 중간에 사용함으로써 강의에 학생들이 적극적으로 참여하게 하고 또 활력을 불어넣는 역할을 할 수 있다.

2) 역할극 (Role-playing)

역할극은 그룹 멤버들 중 몇 명이 나와서 각자 역할을 맡아 짧은 상황극을 연기하는 것으로, 다른 사람의 역할을 함을 통해 어떤 상황이나 사건, 그리고 특정 인물의 심리상태를 이해할 수 있게 된다. 흔히 인간관계에 관한 문제나, 사회의 여러 문제 등과 관련된 주제를 선택해 역할극을 하게 한다.

장점	• 문제 상황을 극을 통해 이해하고 느껴볼 수 있다. • 다른 사람의 역할을 맡는 기회를 가지므로 다른 사람의 입장과 견해도 존중할 수 있다. • 실험을 통해 가능한 해결책을 생각할 수 있는 기회를 제공한다.
단점	• 자칫 형식적이 되거나 단지 즐기는 방향으로 치우칠 수 있다. • 그룹의 문제 상황과는 관계없는 방향으로 흐를 수 있다. • 성격상 힘들어 할 수 있는 학생도 있다.
효과적 준비	• 문제 상황과 각자의 역할을 정확히 규명해야 한다. • 대그룹 상황에서는 마이크와 카메라가 필요하다. • 정확한 가이드라인이 역할을 하는 사람들에게 제공되어야 한다.

■ 장점

이 역할극의 장점이라고 하면 역할극에 참여하는 학생은 물론 관람하는 학생에 이르기까지 어떠한 한 가지 상황에 대해 보다 실제적이고 깊이 있는 이해를 하게 된다는 것이다. 그리고 무엇보다 그러한 상황에 느꼈을 당사자들의 감정이나 느낌까지도 전달받을 수 있게 된다. 즉 정말로 실감나게 이해할 수 있게 되는 것이다. 그리고 다른 사람의 입장이 되어 보는 것을 통해 나와 다른 생각을 하는 사람의 입장도 존중할 수 있게 되어 생각이 넓어지며, 더 나아가 가능한 해결책까지 찾을 수 있는 좋은 계기가 될 수 있다.

■ 단점

하지만 이 역할극은 사전에 준비되는 것 없이 즉석에서 진행이 되기 때문에 그 상황을 제대로 인지하지 못하고 연기를 하게 되면 그저 형식적으로 반응하게 되기 쉽다. 혹은 장난처럼 반응하면서 오히려 분위기를 흐릴 수 있는 위험도 있다. 또한 개인의 성격상 이 역할극이 힘든 사람도 있다. 예를 들어 굉장히 내성적이거나 다른 사람 앞에서 이야기하거나 연기하기를 어려워하는 성격의 학생을 시키게 되면 상당히 곤란한 상황에 처하게 될 수도 있다.

■ 효과적 준비

우선 이 역할극이 제대로 진행이 되려면 교사는 물론 학생 모두가 지금 현재의 상황과 각자의 역할에 대해 명확히 파악하고 있어야 한다. 그래야 문제 상황과 상관없는 방향으로 역할극이 빠져버리는 일을 예방할 수 있으며, 대그룹 상황에서는 목소리가 안 들리거나 뒤에 앉은 사람들에게 앞에서 연기하는 사람이 잘 보이지 않게 되는 경우도 있는데 이를 대비해서 마이크나 카메라를 준비해 두는 것이 좋다.

■ 기독교교육에의 예

기독교교육에서 이 역할극은 의외로 광범위하게 쓰이고 있다. 예배 시 설교의 도입을 위해 짧은 극을 하기도 하고, 성경공부 하는 가운데 학생들이 성경속의 인물이 되어 연기를 하게 해 보기도 한다. 그렇지만 역할극의 장점을 가장 잘 발휘할 수 있는 영역이 있다면 아마도 상담과 관련된 영역일 것이다. 요즘 많이 진행하고 있는 드라마 치료나 비블리오 드라마 등이 이 역할극의 대표적인 예라고 할 수 있다.

3) 프레젠테이션 (Presentation)

각 개인, 혹은 학습자들끼리 그룹을 이루어 주어진 주제에 대해 연구하고, 발표하게 하는 교수 방법이다. 사실 예전에는 거의 직장에서나 쓰는 것이었는데 요즘은 더 많은 영역에서 다양하게 쓰이고 있다. 요즘 많이 화제가 되고 있는 TED, 그리고 세바시(세상을 바꾸는 시간 15분) 등의 프로그램들이 다 이 프레젠테이션에 해당하는 것이다. 약 10-15분 정도의 짧은 시간을 통해 하고 싶은 이야기들을 나누어 사람들에게 영향을 주고 변화를 일으키는 것을 목적으로 한다.

그러니 당연히 교육의 현장에서도 많이 쓰이고 있다. 요즘 대학생들이라면 한 학기에 약 2-3번의 발표 수업을 진행하게 되며, 심지어 요즘은 유치원에서도 자신의 생각을 발표하게 한다. 필자의 자녀도 유치원 때 각자 자기가 좋아하는 것을 돌아가면서 발표하게 되어서 함께 준비하고는 했다.

아무튼 사회에서 프레젠테이션 능력을 중요하게 생각하게 되면서 교육의 현장에서도 아주 폭넓게 사용되고 있는 대표적인 참여 중심 교수법이다. 물론 프레젠테이션이라 해선 반드시 컴퓨터로 하는 것만은 아니다. Hand-out을 나눠주고 할 수도 있고, 실물로도 할 수 있고, 플립챠트(flip-chart)를 가지고도 할 수 있다.

장점	• 학습자가 가장 적극적으로 수업에 참여하게 한다. • 그룹 프레젠테이션을 통해 협동학습이 이루어질 수 있다. • 21세기 가장 필요한 기술 중에 하나인 프레젠테이션 기술을 습득하고 훈련할 수 있다.
단점	• 그룹 프레젠테이션인 경우 무임승치하는 학생이 빌생할 수 있다. • 각 발표자나 그룹 별로 큰 수준차가 나타날 수 있다.
효과적 준비	• 미리미리 준비할 수 있도록 사전에 계속 진행 상황을 확인하고, 교수자가 도와줄 것이 없는지 확인한다. • 훌륭한 프레젠테이션을 할 수 있는 지침을 알려주는 것이 좋다. • 프레젠테이션의 평가는 교수의 개인적인 느낌만으로 하기 보다는 미리 정해둔(학생들이 발표를 준비하기 전에 미리 나눠 준) 평가 기준에 의해 하는 것이 좋다.

■ 장점

프레젠테이션은 학생이 참여하는 수준이 아니라 학생들이 스스로 연구해 와서 발표하는 수업이기에 그 어떤 교수법보다 학생들이 중심이 되는 교수법이라고 할 수 있다. 그리고 개인별로 프레젠테이션을 하게 할 수도 있지만 그룹을 만들어서 발표를 시키면 다른 학생들과 협력해서 배우는 과정들을 통해 협동학습이 이루어지고 그 유익들을 누릴 수 있다.

■ 단점

간혹 그룹 프레젠테이션을 하면 제대로 참여하지 않고 거의 무임승차 하듯 학점을 받는 학생들도 생길 수가 있다. 이렇게 될 경우 팀의 호흡이 깨지고, 팀원들 간에 서로 분란이 일어나게 되기도 한다. 이러한 상황을 미연에 방지할 수 있도록 교수자는 팀원들이 서로서로 얼마나 그룹 프레젠테이션에 기여하고 참여했는지를 평가할 수 있는 평가지를 제공하여 그와 같이 무임승차하는 사람이 나타나지 않도록 해야 한다.

■ 효과적인 준비

우선 교수자는 너무 학생들에게만 책임을 지우고 뒷짐지고 있어서는 안 된다. 학생은 학생일 뿐이라는 사실을 늘 기억하면서 준비하는 과징부터 전체 진행과정을 모니터하면서 조언해주어야 한다. 그리고 어떤 것이 좋은 프레젠테이션인지, 교수자가 원하는 발표란 어떠한 것인지 미리 자세한 지침(rubric)을 주어서 준비할 때부터 참고할 수 있도록 한다. 그리고 평가를 할 때도 교사의 개인적인 느낌보다는 미리 나누어준 지침을 가지고 평가하도록 하며, 또한 평가할 때 다른 듣는 학생들의 평가를 중요하게 여기는 것이 좋다.

■ 기독교교육의 예

교회 환경에서 프레젠테이션은 평소에 많이 사용하기는 어려운 교수 방법 중에 하나이다. 그러나 기독교학교에서는 얼마든지 사용이 가능하고, 오히려 21세기를 짊어지고 나갈 인재를 양육하는 것이 목표라면 반드시 교육과정 속에 들어있어야 한다고 본다. 그리고 교회학교 상황에서도 수련회나 성경학교와 같은 특별 프로그램을 진행할 때는 얼마든지 서로 준비하고 발표하게 할 수 있다.

4) 사례 연구 (Case Study)

사례 연구는 학생들에게 실제의 상황과 긴밀하게 연결된 사례를 제시하여 그들 스스로가 분석, 평가, 판단, 그리고 합리적인 의견을 도출해 낼 수 있도록 하는 교육의 방법이다. 즉 이 방법은 강의를 통해 배운 이론적인 지식이나 지침들이 현장의 실제 상황에서는 어떻게 쓰이고 적용될 수 있을지 미리 생각하게 하는 지적활동으로 학생들 스스로가 고차원적인 정신기능을 사용하도록 돕는 참여 중심 교수법이다.

장점	• 분석력과 문제 해결능력을 키울 수 있다. • 새로운 지식과 기술을 실제 상황에 적용하는 훈련의 기회로 삼을 수 있다. • 한 가지 상황에 대한 여러 가지 해결책을 모색할 수 있다. • 이론과 실제와의 거리를 줄일 수 있다.
단점	• 학생들이 기본적으로 사례를 다룰 수 있는 분석 능력, 토론 능력 및 평가 능력을 가지고 있어야 한다. • 정보가 불충분하거나 제한적일 경우 잘못된 결론을 내릴 수 있다. • 시간이 많이 걸릴 수 있다.
효과적 준비	• 배운 내용과 연관성이 있는 사례를 잘 선정해야 한다. • 주어진 시간 내에 해결할 수 있는 사례여야 한다.

■ 장점

사례 연구의 가장 큰 장점이라고 한다면, 교실과 현장 사이의 간격을 줄여준다는 것이다. 즉 교실에서 배운 새로운 개념이나 기술들을 실제의 현장 상황에 적용해 볼 수 있는 기회를 제공한다. 또한 사례 문제를 해결하는 과정을 통해 학생들은 분석과 평가 등의 고차원적인 정신기능을 사용하게 되며, 보다 넓은 사고를 할 수 있게 된다.

■ 단점

기본적으로 이 사례연구법은 학생들이 스스로 어떠한 사례를 분석하고 평가하고, 또 자신들의 해결책들을 종합해 낼 수 있는 능력이 있어야 진행이 가능하다. 그러므로 저학년 어린 학생들에게는 아직은 사용하기가 어려운 면이 있다. 또한 사례를 분석하고, 그룹 내에서 토의를 하고, 또 전체 그룹에서 함께 나누면서 피드백을 하는 등 전체 과정을 진행하는 데 있어서 시간이 많이 소요된다. 또한 주어진 사례에 대해 아는 사실이 별로 없거나 정보가 불충분하면 적당하지 못한 결론을 내릴 소지도 있다.

■ 효과적인 준비

사례 연구에서 가장 중요한 것은 사례이다. 현실에 있었던 상황 중 이미 해결된 사례를 이용하는 경우도 있고, 때로는 미해결된 사례를 이용하기도 한다. 그리고 교수자가 직접 특정한 사건이나 사실에 근거해서 직접 만들기도 한다. 그러나 가장 중요한 것은 내용과의 연관성이다. 단순히 활동하는 것에 의미를 두지 말고, 적절한 사례를 선정해서 학습이 최고의 효과를 발휘하도록 해야 한다. 그리고 사례를 제시할 때도 너무 딱딱하게 하기 보다는 학생들이 실제 신문기사에서 찾도록 하든가, 비디오나 오디오 자료를 이용해서 사례를 제시하면 처음에 시작할 때 학생들의 주의를 더욱 끌 수 있다.

■ 기독교교육의 예

이 사례연구는 사실은 법원에서 많이 사용하는 교수 방법이다. 그렇기 때문에 교회나 기독교교육의 상황에서는 아직 많이는 쓰이지 않고 있지만, 주제별 성경공부를 하거나 실제적인 주제로 시리즈 설교를 진행하게 될 때 유용하게 사용할 수 있는 교수 방법이다. 특별히 하나님의 말씀을 어떻게 우리의 삶의 자리에 실제적으로 적용하게 할 것인지, 그리고 하나님의 말씀의 원리로 우리의 현실의 문제를 어떻게 풀어나갈지 함께 고민하도록 하는데 가장 유용하게 쓰일 수 있는 교수법이다.

5) 문제 중심 학습법 (Problem-based learning)

일반적으로 문제 중심 학습법이란 학생들이 문제 상황을 직면함을 통해 배움에 대해 동기부여 되고, 또한 그 문제의 해결과정을 통해 다양한 지식과 기술들을 발전시키게 되는 교수-학습 방법으로 이해될 수 있다. 즉 문제 중심 학습법은 학생들이 나중에 사회에 나가서 만나게 될 실제 상황들을 최대한 가깝게 경험하는 과정을 통해 배우도록 하는 방법이고, 이러한 목적을 위해 열린 결말을 가진 실제 상황의 문제들을 사용한다. 그리고 이와 같이 문제 중심 학습이 이루어지는 교실 속에서 학생들은 소그룹 활동이 중심이 된 자기 주도 학습의 과정(학생들이 스스로 문제에 대해 분석하고, 필요한 정보와 데이터를 수집하고, 수집된 정보의 적절성을 평가하고, 몇 가지 해결책들을 제시하고, 제안된 해결책들을 평가하는)을 통해 배우게 된다.

그런데 이 문제 중심 학습법은 미국의 의학교육을 위해 고안되고 사용되기 시작했다. 왜냐하면 학교에서 열심히 공부해서 좋은 성적 받아서 졸업해 병원에 배치되지만 현장에 나가서 환자를 대하게 되자 어떻게 해야 할지 몰라 당황하게 되었던 것이다. 즉 학교에서 머리로만 배운 지식을 현장에서 제대로 사용하려면, 그 적용의 과정 역시 훈련해야 함을 깨닫게 된 것이다. 그래서 미국 의학교육을 위해서 사용되었는데 그 장점이 받아들여

져서 모든 교육학의 영역에서 확대 사용되게 되었다.

앞에서 다룬 사례 연구와의 차이가 있다면 사례 연구에서는 보통 처음에 강의를 진행을 한 다음 그 배운 내용을 가지고 사례를 분석하거나 적용한다. 반면에 문제 중심 학습법에서는 처음부터 아무 강의 없이 바로 문제를 해결하며 시작하게 된다. 그렇기에 대부분의 과정이 학생들의 자기주도적 학습활동으로 진행된다.

장점	• 문제를 해결해 나가는 과정 자체가 학생들이 배우려고 하는 동기를 자연스럽게 증진시킬 수 있다. • 학습자가 적극적으로 참여하는 자기주도학습이 중심이 된다. • 실제에 이론을 직접 적용해 볼 수 있기 때문에 모든 학습활동들이 실제 세상과 연관된 것이 된다. • 직접 배움의 과정에 참여하게 되기 때문에 이해와 기억이 증진될 수 있다.
단점	• 자기중심학습에 익숙하지 않은 학습자에게서는 소정의 효과를 기대하기 힘들다. • 일반적으로 강의보다 많은 시간이 소요된다. • 준비하는 데도 시간이 많이 걸린다. • 수업 시간을 통제하기 어렵다.
효과적 준비	• 실제로 일어날 가능성이 있는 문제를 준비한다. • 다양한 해결책이 있는 열린 결말의 문제를 사용해야 한다. • 필요한 자료들을 사용할 수 있도록 잘 도와야 한다. • 문제 해결 과정에 대해 사전에 기본적인 정보들을 제공해야 한다.

■ 장점

문제 중심 학습법이 가장 중시하는 것은 문제를 해결하느냐 해결하지 못하느냐가 아니다. 문제를 해결하는 과정이 가장 중요하다. 문제 자체를 해결하기 보다는 문제를 해결하는 과정에서 얻게 되는 정보, 이를 통해 이루어지는 개념학습, 나아가 바람직한 추론이 진행되었는가? 이것이 가장 중요하다. Vygotsky에 의하면 “인간의 의식이란 유의미한 사회활동을 통해 형성된다”고 했다. 이와 같은 유의미한 사회활동을 제시하는 것이 문제 해결법의 목적이다.

아무튼 문제 중심 학습법은 문제를 풀어나가는 과정에서 자연스럽게 배움에 대한 동기가 일어나며, 그 해결과정도 철저하게 소그룹이 중심이 된 자기주도학습에 의해 진행이 되기 때문에 학생 스스로가 책임감을 가지고 학습에 임하게 된다. 또한 스스로 문제 해결 과정에 적극적으로 참여하게 되기 때문에 자신이 배운 내용을 이해하고 기억하는 데 도움이 되며, 교실에서 배우는 내용을 현장에 적용하는 데 도움이 된다.

■ 단점

그러나 이 문제 중심 학습법은 아직 학생들에게는 굉장히 낯선 교수법이다. 그렇기에 학생들이 문제 중심 학습법에 대한 이해가 전혀 없다면, 사전에 문제 중심 학습법에 대한 설명과, 그 진행과정에 대한 지침을 주고 시작하여야 한다. 또한 문제 중심 학습법뿐만 아니라 자기주도학습에 대해 잘 훈련이 되어 있지 않은 경우 스스로 문제 해결해 나가는 과정을 힘들어 할 수도 있다. 또한 문제 중심 학습법을 사용할 때의 어려운 점은 강의에 비해 시간이 많이 걸리고, 단순히 시간이 많이 걸리는 것만의 문제가 아니라 그 시간을 통제하는 것이 쉽지 않다는 것이다. 즉 학생들에게 주도권이 있고, 교사는 일종의 퍼실리테이터로서(facilitator), 혹은 코치(coach)로서 조언해 주는 역할을 하기 때문에 시간을 관리하고 통제하는 것이 쉽지 않을 수도 있다.

■ 효과적인 준비

이 문제 중심 학습법이 강력한 효과를 내기 위해 가장 중요한 것은 역시 좋은 문제를 준비하는 것이다. 문제 중심 학습법에서 사용하는 문제는 하나의 해결책을 가진 단순한 문제가 아니라 다양한 해결책이 나올 수 있는 열린 결말의 문제를 사용하여야 한다. 왜냐하면 문제를 해결하는 것 자체가 중요한 것이 아니기 때문이다. 또한 문제 중심 학습법이 낯선 학생들에게는 사전에 문제 중심 학습법을 진행하는 것 자체에 대한 교육을 하거나 자세한 지침을 학생들에게 줄 필요가 있다.

■ 기독교교육의 예

기독교 교육에서는 그렇게 많이 쓰이지 않으나 최근 계절학교 프로그램으로 많이 개발되고 있다. 즉 시간이 많이 소요되는 특성상 매주 정기적으로 진행되는 교육보다는 학생들의 참여를 높이기 위한 특별 프로그램을 위해 많이 사용되고 있다. 또한 상담이나 기독교 윤리 등에서 얼마든지 적용할 수 있는 가능성이 있는 교수 방법이다. 무엇보다 이 문제 중심 학습법은 처음의 의사들을 교육하기 위해 도입되었는데 영혼의 의사인 목사,

기독교교사들에게도 꼭 필요한 방법이라 믿는다.

6) 동료 교수법 (peer teaching)

동료 교수법이란 학습자들끼리 짝을 짓거나 소그룹을 형성하여 한 학생은 가르치는 역할을 맡고, 또 다른 학생들은 배우는 역할을 맡아서 서로서로 가르치는 교수법이다.

장점	• 학습이 개별적 혹은 소규모로 이루어지기 때문에 교수자의 역할을 하는 학생뿐만 아니라 다른 학생들의 참여도도 높다. • 가르침을 준비하고 정리하는 과정을 통해서 가장 많은 학습이 이루어질 수 있다.
단점	• 동료 학습자 간에 배우고 가르치는 과정이 장난식으로 흐르거나 자칫 위화감이 조성될 수 있다. • 교수자로 선정된 학생이 내용을 잘못 이해하고 있을 경우나 완전히 이해하지 못했을 경우 문제가 될 수 있다.
효과적 준비	• 학습 능력, 교수 능력, 그리고 성품 등 다양한 요소들을 고려한 후 신중하게 동료 교수자를 선정해야 한다. • 교수자의 역할을 맡은 학생에게 가르칠 때 유의할 점을 사전에 주지시켜 준다. • 전체 그룹은 물론 각 동료 교수 그룹을 감독하고 관찰해야 한다.

■ 장점

"가르치는 사람이 가장 많이 배운다"는 말이 있듯이 동료 교수를 위해 학생들이 서로 준비하게 되는 과정을 통해 많이 배울 수 있게 되고 또 배운 내용들을 완전히 정리해 자신의 것으로 만들 수 있게 된다. 또한 서로 가르치게 되기 때문에 각 동료 교수 그룹은 적은 인원의 소그룹 단위로 나눠지게 된다. 그러므로 학생들의 참여도가 높아질 수밖에 없다.

■ 단점

동료 교수법에 익숙하지 않거나 처음 접해본 학생들은 서로가 선생님이 된다는 사실에 어색해 하는 경우가 많다. 그러다보면 교사역할을 하는 학생이나 학생의 역할을 하는 사람이나 장난식으로 흐르게 될 수가 있는데 이럴 경우 학습효과는 급감하게 된다. 그리고 동료 교수자로 선정한 학생이 개념을 오해하고 있거나 완전히 이해하지 못했을 경우 잘못된 지식을 동료 학생들에게 전달해 오히려 헷갈리게 만들 수 있으며, 혹 내용은 잘 이해했다고 할지라도 남을 가르치는 데 준비와 훈련이 되어 있지 않으면 효과가 떨어질 수 있다.

■ 효과적인 준비

우선 동료 교수자를 신중하게 선택해야 한다. 단순히 공부를 잘하는 학생을 선택하는 것보다는 반에서의 학생들과의 관계나 성품을 고려해서 가장 적임인 학생을 세우는 것이 좋다. 또한 교수자를 정해서 전체를 가르치도록 하는 방법도 있지만, 간단하게 서로 짝을 지어서 중간 중간 서로 배운 것을 설명하도록 하는 것도 효과가 있다. 그리고 무엇보다 동료 교수를 진행하고 있을 때 교수자는 각 동료 교수 그룹이 잘 진행하고 있는지 관찰하고 감독해야 한다. 그래야 장난하거나 하는 학생들이 생기지 않는다.

■ 기독교교육의 예

사실 기독교교육에서 동료 교수법 역시 많이는 사용되지 않는 교수법이다. 왜냐하면 학생들은 하나님의 말씀을 배워야 할 대상으로 여기지 가르칠 수 있는 대상으로 잘 보지 않기 때문이다. 그러나 교사의 감독과 가르침 아래 학생들 스스로가 배운 내용들을 서로서로 나누면서 점검하는 것은 대단히 효과적인 방법이 될 수 있다. 또한 보통은 학생들이 서로서로 기도제목을 나누고 기도하거나 서로 말씀을 적용하고 실천하는 것을 도와주는 것도 넓은 의미에서 동료 교수법에 들어간다고 할 수 있을 것이다.

3. 전통적 교수법 vs 참여 중심 교수법: 뭐가 좋은가?

전통적 교수법이란 말 그대로 전통적으로 교육 환경 내에서 가장 많이 쓰여 온 교육방법들이고, 참여 중심 교수법은 최근 학습에 대한 정의와 개념이 바뀌면서 새로이 부각되는 교육 방법들이다.

그런데 전통적 교수법… 이렇게 이야기하니 조금 부정적인 이미지가 있는 것 같다. 왠지 구닥다리 같은 느낌도 든다. 그러나 전통적인 교수법은 가르침의 가장 기본이 되는 것이다. 그 어떤 교육도 이 전통적인 교수방법을 빼고는 사용될 수 없다. 이 전통적인 교육의 방법들이 오랜 시간동안 사용된 이유가 있다. 그만큼 나름의 효과가 있기 때문이다. 그래서 사례 연구나 동료교수법 같은 참여 중심 교수법을 사용할 때도 그것이 주된 교수법이 안 된다 뿐이지 반드시 강의나, 질문법, 그룹 토의 같은 것들이 들어가게 되어 있다. 또한 전통적인 교수법 내에서도 교수자의 역량에 따라 참여 중심의 교수법으로 얼마든지 전환할 수 있다.

그러므로 우리가 할 일은 전통적인 교수법을 무시하고 참여 교수법에만 매달리고 하는 것이 아니라, 두 가지 교수법을 자유자재로 쓸 수 있어야 한다. 그러기 위해서 전통적인 교수법에 대해서도, 또 참여 교수법에 대해서도 그 특성과 장단점을 완벽하게 이해하고 있어야 한다. 그리고 그렇게 이해한 다음에 주제와 학생, 그리고 교육환경에 따라 자유로이 사용할 수 있는 능력을 갖추어야 한다.

다다익선(多多益善), 즉 많으면 많을수록 좋다는 말이 있는데 교수법에 있어서는 참으로 진리이다. 교수법은 교육의 목표를 달성하기 위한 도구이다. 도구는 많으면 많을수록 좋다. 다양한 도구를 구비해 놓고 필요와 목적에 맞게 잘 골라서 쓰면 되는 것이다.

이야기를 하나 하고 이번 장을 마무리 하려고 한다.

각 집안 마다 공구를 하나씩은 두고 있을 텐데 우리가 잘 사용하는 공구 중에 드라이버라는 것이 있다. 그런데 이 드라이버에는 다양한 종류의 것이 있다. 십자 혹은 일자 같은 일반적으로 쉽게 볼 수 있는 드라이버가 있는가 하면 육각형의 드라이버나 별 모양의 드라이버도 있다. 그래서 각기 머리에 맞는 나사를 돌려서 나사를 풀거나 잠그거나 한다.

그런데 재미있는 건 원래를 각 나사에 맞는 드라이버를 돌려야 하지만, 가끔 공구가 없을 때 일자 드라이버 하나로 다 해결될 때가 있다. 예를 들어 십자 나사가 있다. 일자 드라이버로 돌릴 수 있는가? 그렇다. 일자 드라이버로 돌릴 수 있다. 그리고 잘만 맞추면 육각 나사나 별 모양의 나사도 돌릴 수 있다. 그런데 종종 이런 문제가 생긴다. 일자 드라이버로 다른 모양의 나사를 돌릴 때, 잘 돌아가면 다행이지만 빽빽한 나사 같은 걸 만나면 괜히 돌리다가 돌아가기는커녕 나사의 머리만 상하게 하는 수가 생긴다. 그러면 나사 머리가 상해서 아예 돌리기가 힘들어 진다.

그런데 이와 같은 상황이 우리의 교실에서도 일어나는 것 같다. 우리가 가르치는 학생들은 굉장히 다양한 학습의 스타일을 가지고 있다. 그래서 어떤 학생들은 십자 나사 같고, 어떤 학생들은 육각, 혹은 별 모양의 나사 같다. 그런데 교사에게 교수법이라는 도구가 일자 드라이버 하나 밖에 없다면 모든 학생들을 다 그걸로 돌리려고 할 것이다. 그러면 어떤 일이 생기게 되는가? 잘 돌아가지도 않을 뿐 아니라(학습이 잘 일어나지도 않는다) 자칫 잘못하다가는 나사의 머리가 상하게 된다(학습에 대한 흥미까지 잃어버리게 된다).

우리의 모습은 어떤가? 다양한 학습의 스타일을 가진 학생들을 위해 다양한 교수의 방법들을 사용하고 있는가? 아니면 내가 익숙하고 편한 방법만을 사용해 그들이 학습에 대한 흥미를 잃어가고 있지는 않은가? 함께 돌아볼 수 있게 되었으면 좋겠다. 그리고 이번 장의 내용이 다양한 교수법의 도구들을 익히고 준비하는데 작으나마 도움이 되기를 소원한다.

> **당신에게 도구라고는 망치밖에 없다면 모든 것을 못처럼 다루려 할 것이다.**
>
> \- Abraham Maslow

제2장

교수 설계의 실제

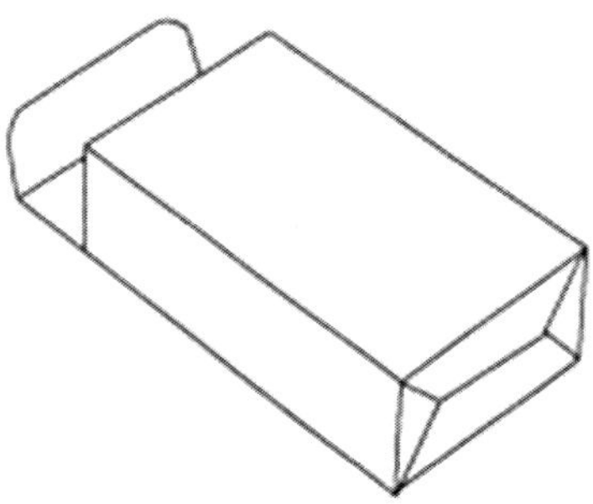

필자가 강의를 시작하기 전에 하는 활동 중에 하나인데, 학생들에게 무작정 아무것도 그려지지 않은 A4 용지 한 장과 풀과 가위를 나눠주고 나서는 다음의 그림과 같은 상자를 만들어 보라고 한다.

그러면 아주 난리가 난다. 종이를 접으면서 상자를 만드는 사람, 자로 줄을 그러가며 만드는 사람, 그냥 감으로 만드는 사람 등 자신의 성격에 따라 다양한 모습으로 상자를 만들어 간다. 그런데 나중에 만들어 놓은 상자들을 보면 아주 가관이다. 대부분 중간에 실패하거나 시행착오를 하게 되기 때문에 이리저리 접어본 자국이 남아 있고, 선이 그어진 자국이 상자 도처에서 발견된다. 그리고 만들어 놓은 상자도 정말 제각각이다. 어떤 학생은 길쭉한 상자, 어떤 학생은 뚱뚱한 상자, 그리고 제대로 모양이 만들어지지 않은 상자 등 정말 100명의 학생들이 만들면 100명의 다양한 상자가 나온다.

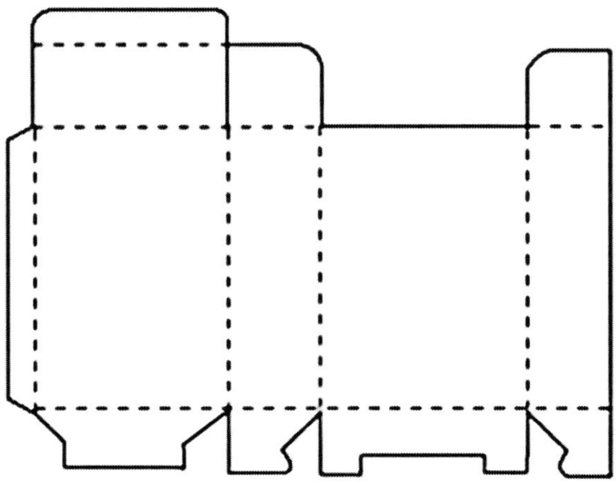

그런데 만약 필자가 아무 것도 그려지지 않은 A4 용지가 아니라 다음과 같은 상자의 전개도가 그려진 종이를 나누어졌다면 어떤 일이 벌어졌을까? 그랬다면 학생들은 당황하지 않고 준비된 전개도대로 자르고 붙이고 하면서 상자를 만들었을 것이다. 특별한 일이 없는 한 시행착오나 실수를 하는 학생도 없었을 것이고, 무엇보다 나중에 만들어진 상자도 다 같은 모양의 미관상 보기 좋은 상자가 만들어 졌을 것이다.

갑자기 이런 이야기를 왜 하는가? 필자가 생각하기에 처음에 아무 것도 없는 종이로 상자를 만드는 것과 같은 활동이 오늘 바로 한국의 기독교교육 현장에서 일어나고 있는 주된 현상을 하나 보여주는 것 같다. 즉 많은 교회에서 주일학교 교사가 부족하다고 한다. 그런데 정작 주일학교 교사로 헌신하게 되면 어떤 일이 일어나는가? 이제 아이들을 만나고 목양하고, 무엇보다 그들에게 하나님의 말씀을 가르쳐야 하는데 그냥 알아서 하라고 한다. 즉 아무 것도 없는 종이를 주고 상자를 만들라고 하는 것처럼, 공과 교재 하나 들고 자기가 알아서 준비하고 가르치라고 하는 것이다.

그렇게 되면 어떠한 일이 일어나는가? 똑같은 일이 일어난다. 그 교사는 이리저리 시행착오와 실수들을 연발하게 되기 마련이고, 똑같은 교재로, 똑같은 주제를 가르치기는 하지만 정작 주일학교 현장에서 가르쳐지는 가르침의 방법과 내용은 다 제각각이 되는 것이다. 심지어는 자신은 가르침의 은사가 없는 것 같다고 좌절하고 교사를 그만두는 일까지 생긴다.

그런데 이러한 교사들에게 분명한 수업의 설계도를 주면 어떨까? "그냥 이대로만 따라하면 좋은 수업이 됩니다. 이 설계도대로만 수업하세요!" 이렇게 이야기하면서 수업이 체계적으로 설계되어 있는 설계도를 쥐어주면 어떠한 일이 일어날까? 그렇다. 수업을 진행할 교사도 그렇게 큰 부담이 없이 지시되어 있는 대로 차근차근 순서를 밟아서 가르치게 되고, 시행착오도 확실하게 줄어들 것이다. 또한 실제로 가르치게 되는 형식과 내용 역시 어느 정도의 통일성을 나타낼 것이다.

그러므로 각 교회의 교육부서를 맡는 교역자나 학교 교사들이 분명한 틀을 가지고 수업을 설계하고, 그렇게 설계된 수업을 가지고 모든 동일하게 가르침을 진행할 수 있도록 해야 한다. 수업 설계가 이렇게 중요한 것이다.

이제 이번 장에서 다루게 될 내용이 바로 이것이다. 즉 수업을 실제로 설계할 때 기준으로 삼을 수 있는 두 가지 틀을 소개하려고 한다. 첫 번째는 Lawrence O. Richards의 HBLT 모델이고 두 번째는 필자가 고안해 낸 REWARD 모델이다.

1. Lawrence O. Richards의 HBLT 모델

미국 복음주의 기독교학자 중의 한 사람인 Lawrence O. Richards가 1970년 출판한 「창조적 성경교수법(Creative Bible Teaching)」 이라는 책에서 소개한 모델로, Hook, Book, Look, Took 이라는 네 가지 단계를 통해 성경을 가르치는 모델이다. 사실 한국에 알려진지도 꽤 되었고, 이 모델을 기반으로 출판된 성경공부 교재도 꽤 있다. 그만큼 검증된 모델로 설계도를 작성할 때 기억하기도 쉽고 또 아주 효과적인 가르침의 틀이다.[3] 총 네 가지 단계를 통해 정해진 성경 본문을 가르치게 되어 있는데 그 각각의 단계를 간단하게 설명해 보겠다.

1) Hook

첫 번째 단계인 Hook에서는 사람들의 주의를 끌고 또 학습

---

3) 이 모델에 대해 더 깊이 공부하고 싶은 사람이 있다면 로렌스 O. 리차즈와 게리 J. 브렛펠트가 쓴 「창조적 성경교수법」 (그리심)을 보거나 함영주 교수의 「심장을 뛰게 하는 가르침의 기술; Hook-Book-Look-Took」 을 보라.

의 필요성을 느끼게 해서 자연스럽게 성경공부로 인도하는 단계이다. 설교나 강의로 치면 도입 단계라고도 할 수 있는 단계이다. 사실 설교 잘 하는 분들의 설교를 가만히 들어 보면 이 도입부분을 아주 잘 하신다. 사람들의 흥미와 주의를 적절히 끌어오면서, 그 날의 말씀의 내용이 무엇일지 청중들이 기대할 수 있도록 잘 소개하신다. 바로 이러한 것을 이 Hook 단계에서 하는 것이다.

Hook라고 하면 무엇이 생각하는가? 필자는 피터팬이라는 동화에 나오는 후크 선장이 생각난다. 그렇다. Hook는 고기 잡을 때 쓰는 낚시바늘 같은 것이다. 혹은 갈고리 생각하면 된다. 우리가 가르칠 학생들과 그들의 주의를 고리로 거는 것이다! 그래서 이들을 하나님의 생명의 말씀으로 인도해가는 것이다.

어렸을 때 집 마당에 옛날 펌프가 있었다.

그런데 이 펌프에서 물이 나오게 하려면 그냥 가서 펌프질만 해서는 안 된다. 처음에 펌프질을 하기 전에 펌프에다가 물을 한 바가지 부어주어야 한다. 그러면 그 물이 공기의 틈을 막는 역할을 해서 지하에 있는 물이 끌려 올라온다. 혹시 그 때 부어주는 물을 무엇이라고 하는지 아는가? 그렇다. 마중물이라고 한다. 물이 마중을 나간다는 의미에서 마중물이라고 한다.

그런데 이 마중물이라는 단어는 참 의미심장한 것 같다. 우리가 가르치는 학생들도 마찬가지이다. 이들은 다들 펌프이다. 그래서 우리가 먼저 마중물을 넣어야 펌프에서 물이 나온다. 즉

우리가 학생들의 흥미를 조금 자극해 주면 그 다음부터는 학생들이 스스로 흥미를 쏟아내고, 배움이 마구 일어난다. 그런데 안타까운 건 많은 교사들이 생각하기를 학생들은 수도꼭지인 줄 안다. 그래서 틀면 나오는 줄 인다. 그냥 가르치기 시작하면 알아서 자동적으로 배우는 줄 안다. 절대로 그렇지 않다. 학생들은 펌프와 같다. 그들 내면의 배움에 대한 욕구들이 솟아날 수 있도록 먼저 교사가 마중물을 부어주어야 한다. 가만히 보면 그 물도 부어주지 않으면서 왜 우리 아이들이 배우지 않을까 고민하는 사람도 있다. 참 안타까운 일이다.

그러므로 처음에 Hook을 잘 해야 하는데, 그렇다면 어떻게 Hook을 해야 하는가? 대체로 좋은 Hook에는 다음과 같은 요소들이 들어있다.

- 사람들의 주의를 끈다.
- 필요를 느끼게 한다.
- 목표를 설정한다.

먼저 학생들의 주의를 끌어야 한다. 학생들의 주의가 교사에게 쏠리지 않으면 배움은 절대 일어날 수가 없다. 어렸을 때 어머니를 따라 남대문 시장에 종종 가고는 했는데 갈 때마다 어린 필자의 기준에서 볼 때 좀 이상한 사람들 있었다. “골라 골라~!” 라고 막 박수치면서 소리 지르면서 사람들을 불러 모으는 상인들이었다. 요즘도 시장에 가면 그런 분들을 볼 수 있는데 요즘은 아예 분장도 하고 그러더라. 아무튼 일단 사람들의 주의를 끌기 위해 많은 노력을 하신다. 그런데 맞는 것이다. 사람들의 주의를 끌어야 그 다음 단계가 시작된다. 아무리 좋은 물건, 중요한 가르침이 있어도 일단 사람들의 주의를 끄는데 실패하면 소용없는 것이다.

학생들에게 종종 강조하는 말인데, 중요한 게 있으면 이거 중요한 것이라고 소리치지 말고, 학생들의 주의를 끌어 놓고 듣게 한 다음 가르치라고 이야기 한다. 사실 그렇지 않은가? 그 날 성경공부에서 가장 중요한 것을 가르치다보면, 자기도 모르게 이런 소리가 나온다. “다 조용히 하고 집중하렴 이거 중요한 거야!” 그러나 정말 그 가르침의 내용이 중요하다고 생각하면 학생들에게 중요하니 집중하라는 이야기를 하지 말고, 학생들이 집중할 수밖에 없도록 사람들의 주의를 끄는 좋은 Hook을 준비하면 된다. 아무튼 가르침에서 너무나 중요한 단계이다.

그 다음에는 학생들의 필요를 느끼게 해야 한다. 즉 학생들이 지금 배우려는 내용을 배워야겠다는 필요성을 스스로 느끼게 하는 것이다. 누구나 삶에 문제가 있고 필요가 있다. 그러므로 학생들의 필요를 알고 그러한 필요들을 느끼게 하는 것은 너무나 중요하다. 필요를 느끼면 알아서 공부하려 한다. 그러므로 이 Hook을 잘하는 교사들은 보통 학생들의 필요를 잘 알고 있고 도입 부분에서 확실하게 학생들의 필요를 터치해 준다.

마지막으로는 수업의 목표를 설정해야 한다. 이것은 각 수업에서 방향을 설정하는 단계이다. 즉 "내가 왜 이 수업을 들어야 하는가?" 하는 질문에 대한 해답을 학생들에게 주는 것이다. 수업 첫 시간에 학생들은 내가 이 수업을 들을 것인지 안 들을 것인지 말지 결정한다. 아까 언급한 대로 필요를 느끼게 했으니 그 필요를 어떤 식으로 수업에서 채워갈 것인지를 학생들에게 알려줘야 한다. "조금 전 관계에 있어서 조금씩 어려움이 있음을 나눴다. 그래서 오늘 수업에서는 그러면 하나님께서는 어떻게 인간관계를 세워가야 한다고 말씀하시는지 배워볼 것이다" 이런 식으로 학생들이 수업이 자신들에게 이러이러한 것들을 제공할 것이라 기대하게 해야 한다.

아무튼 이 세 가지를 도입 부분인 Hook에서 하면 되는데, 너무 중요한 부분이다. '시작이 반'이라는 말도 있는데 필자는

'Hook이 반이다'라는 말을 하고 싶다. 그래서 필자도 사실 이 도입에 굉장히 신경을 쓰려고 한다. 매번 수업을 할 때마다 좋은 도입을 하기 위해 노력한다. 학생들에게 찰흙을 나눠주고 만들기를 시키기도 하고, 카드 게임을 하기도 한다. 또는 과자를 먹으면서 그 성분을 분석하는 활동을 하기도 하고, 마쉬멜로우를 높이 쌓는 게임을 하기도 한다.

이와 같이 처음에, Hook에 많은 신경을 써야 한다. 앞에서 이야기한 주의를 끌고, 필요를 느끼게 하고, 목표를 설정하는 것은 물론 재미까지 있으면 더욱 좋다. 그래서 사람들이 재미있게 교육활동에 참여할 수 있게 하고 그 활동을 통해서 모두가 자연스럽게 느낀 점을 본론으로 연결을 시켜주면 최고의 Hook이 되는 것이다.

그러나 Hook은 철저하게 다음에 다룰 본문의 내용이나, 교육 활동과 연관되는 것이어야 한다. 예전에 신학대학원을 다닐 때 교수님이 한 분 계셨는데 그 분은 늘 강의를 시작하면서 학생들에게 재미있는 이야기를 하나씩 해 주셨다. 이야기도 재미있고 그랬는데 문제는 그 이야기들이 강의의 내용과는 크게 상관이 없는 내용이었다. 즉 그냥 도입을 위한 도입이었던 것이다. 물론 그렇게 해주신 것만 해도 감사한 일이기는 하지만 좋은 Hook은 아니다. 좋은 Hook은 철저하게 그 다음 단계인 Book으로 학생들을 이끌어주는 것이어야 한다.

2) Book

두 번째 단계인 Book에서는 학생들에게 본문의 의미를 명확하게 이해하도록 하는 것이다. 즉 책(book, 성경 본문)이 무엇이라 말씀하시는지 학생들로 하여금 깨닫게 하는 단계이다. 본문의 내용, 교과서의 내용을 다루는 단계이다. 교회에서 가르치는 것이라면 성경 말씀을 가르치는 것이고, 학교라면 교과의 내용을 가르치는 것이다.

이를 위해 다양한 교수법들이 사용될 수 있다. 이전 장에서 언급한 교수의 방법들을 사용하면 된다. 강의로 짧은 시간에 많은 정보를 전하는 방법도 있고, 질문법을 써도 된다. 또 소그룹으로 나눠서 토론하게 하거나 사례 연구를 할 수도 있다. 어떤 교사는 도표나 시각적인 자료들을 활용하여 학생들을 가르칠 수도 있다. 또한 교사 중심으로 성경의 내용들을 전달할 수도 있고, 학생들 중심으로 그들이 직접 성경을 연구하면서 직접 성경의 내용들을 깨닫게 할 수도 있다. 어쨌든 중요한 것은 본문의 의미를 명확하게 깨닫도록 하는 것이다.

사실 이 부분은 그렇게 많이 강조하고 싶지는 않다. 많은 경우 그 동안 교회와 학교에서 이루어졌던 많은 가르침이 이 Book만 있었다. 성경이나 교과서의 내용만 가르친 것이다. Hook도 없고, 그저 선생님이 앞에 서서 “오늘은 몇 과지? 책 피렴” 이렇게 하고 시작해서 Book에 해당하는 내용 설명하면 “다 알았지? 오늘 배운 게 뭐라고?” 이렇게 복습하고 끝나는 경우가 많았다. 물론 중요하고 가장 핵심적인 단계이기는 하지만 보통 이 부분을 빼먹고 가르치지는 않으니 이 단계에서 설명을 오래 하지는 않을 것이다.

3) Look

세 번째 단계인 Look은 방금 공부하고 이해한 성경 본문의 내용(Book)이 오늘날 우리의 삶 가운데 어떠한 의미를 가지는지를 살피는 단계이다. 즉 아까 본 Book의 내용을 가지고 오늘날의 세상을 바라보는 것(Look)이다. 그래서 이 단계를 Look이라고 한다.

그런데 때로는 이것이 쉽지가 않다. 왜냐하면 성경 말씀의 내용을 그대로 가져오자니 본문이 기록될 당시와 지금 사이에는 큰 시간적, 공간적 간격이 있기 때문에 그 말씀의 내용을 그대로 현재의 우리의 삶으로 가져오기가 쉽지 않을 수 있다. 그렇다면 어떻게 이 간격을 메꾸는가? 가장 기본적인 원리는 당시의 원래 독자들과 우리들 모두에게 해당하는 보편적인 신학적 원리를 찾는 것이다.

이를 위해서는 성경을 어느 정도 해석할 수 있는 능력이 필요하다. 이 책이 성경해석학에 대해 논하는 책은 아니지만 성경을 해석할 때 중요한 원리와 필요한 자세 등에 대해 간단히 나눠보겠다. 분명히 이야기하지만 필자는 성경학자가 아니라 교육학을 공부하는 사람이다. 혹시 부족한 점이 있더라도 이해해주길 바란다.

자 우선 우리가 성경을 해석하는 데 있어서 가장 중요한 것이 무엇일까? 그것은 본문의 명확한 의미를 찾는 것이다. 결코 그 전에 아무도 발견하지 못한 것을 발견하는 것이 목표가 아니다. 또한 중요한 게 있는데 성경을 해석하는 것은 우리가 은혜받기 위함이 아니다. 필자가 항생 학생들에게 강조하는 것이 있는데 이는 그들이 성경을 읽을 때 성경을 은혜를 받으려고 읽지 않아야 한다는 것이다. 우선은 그 안에 뭐가 써 있는지를 먼저 봐야 한다.

우리가 은혜를 받기 위해 성경을 읽는 경우가 종종 있는데 이럴 경우, 쓴 사람의 의도와 상관없이 내가 해석을 하고 잘못된 결론을 내릴 수 있다. 은혜 받으려고 어떤 구절 하나를 내 나름대로 생각해서 필요한대로 원하는 대로 해석한다. 이게 QT의 가장 큰 문제점이라고 생각한다. 왜냐하면 나에게 주시는 하나님의 말씀을 찾는 것은 좋으나 그것을 자신이 적용하려고 무리하게 자신의 상황에 끼워 맞춰서 해석할 때가 있기 때문이다.

예를 들어 약 4:13-17을 QT 한다고 생각해 보자. 본문을 읽다보니 마지막 17절이 확 마음에 와 닿았다. "그러므로 사람이 선을 행할 줄 알고도 행하지 아니하면 죄니라" 이 구절을 읽는데 마음이 감동이 되어서 자신에게 주시는 하나님의 말씀으로 받았다. 그래서 이 구절을 오늘 적용하겠다 생각을 했다. 그러면서 생각해 보니 우리가 선을 행할 줄 알고도 행하지 않는 것이 너무 많은 것 같았다. 이웃 사랑, 예배, 효도, 지하철에서의 자리 양보 등등 우리가 해야 하는 것을 알면서도 하지 않는 것이 너무 많은 것처럼 느껴졌다. 특히 부모님과 최근 사이가 안 좋았던 것이 생각나서 '아 오늘 부모님께 전화드려야겠다...'까지 생각하게 되었다. 그렇게 QT를 마친 후 실제로 적용하기 위해 부모님께 전화를 드렸다. 아니나 다를까 반갑게 받아주시고, 또 그간에 서운했던 이야기를 하면서 부모님과의 관계를 회복했다. 저녁에 잠자리에 들기 전에 기도를 하는데 마음에 뿌듯한 생각이 밀려왔다. '그래... 역시 하나님의 말씀대로 순종하고 적용했더니 부모님과의 관계가 회복이 되었구나. 참 감사합니다. 주님' 이러면서 잠자리에 들었다. 해피 엔딩이고, 아름답고 은혜로운 이야기이다. 그렇지 않은가?

그런데 중요한 것은 여기 본문이 이야기하는 것이 과연 그러한 의미일까? 하는 것이다. 지금 우리가 한 일이 뭐냐 하면 본문 중에서 내가 마음에 드는 것을 하나 끄집어 내어서 내가 마음에 드는 대로 해석하는 행위이다.

그런데 어떻게 보면 이단이 하는 일이 이런 것이다. 이단은 자기의 생각을 성경 구절을 통해서 정당화를 시킨다. 그 친구들이 성경을 안 보는 것이 아니다. 성경을 다 본다. 신천지도 왜 넘어가느냐 하면 성경을 보는데 자기들이 마음대로 끼워맞춘다. 그러니 처음 대하면 어떠냐 하면 교회에서 생전 이야기하지 않던 이야기해준다. 그래서 들어보면 뭔가 새로운 것 같고, 더 영적인 것 같고 그러네 하고 느끼다가 홀딱 넘어가는 것이다. 이와 같이 이단들도 자기의 의도대로 성경을 해석하고 마음대로 가져온다.

그러므로 중요한 것은 내가 새로운 의미를 찾아내는 것이나 내가 원하는 대로 해석하는 것이 아니라 이 성경을 쓰게 하신 성령 하나님의 의도가 무엇이냐? 저자의 의도가 뭐냐? 본문의 원래 의미가 뭐냐? 이걸 발견하기 위해서 힘써야 한다.

농담으로 하는 이야기 중 이런 이야기가 있다. 어떤 사람이 하나님이 나에게 주시는 말씀을 받자 그러고는 성경을 쫙 펴서 손으로 짚었다. 그랬더니 나온 말씀이 마 27:5이었다. "유다가 그 은돈을 성전에 내던지고 물러가서 스스로 목을 매달아 죽었다" '잉? 이건 아니다' 싶어서 다시 폈다. 그랬더니 나온 말이 눅 10:37이었다. "예수께서 그에게 말씀하셨다. 가서 너도 이와 같이 하여라" 당황해서 마지막으로 기도하고 한 번 더 찍었다. 그랬더니 이번에는 요 13:27이 나왔다고 한다. "네가 할 일을 어서 하여라."

물론 이 이야기는 지어낸 이야기일 것이다. 그러나 나름 의미가 있다. 우리가 하는 행동이 이와 같은 경우가 많다. 즉 내가 본문 중에 어느 한 부분만을 골라서 내가 원하는 대로, 마음에 드는 대로 해석하는 경우가 있다. 이게 성경을 바로 해석해야 하는 또 한 가지 이유이다.

그렇다면 어떻게 해석해야 하는가? 항상 본문을 전체적인 문맥 속에서 해석하기에 힘써야 한다. 사실 성경의 장과 절 언제 구분되었는지 아는가? 장은 1228년 스테판 랑톤(Stephan Langton)에 의해서 절은 구약은 1448년 나탄(R. Nathan)이, 그리고 신약은 1551년 로버트 스테파누스(Robert Stephanus)가 구분하였다.

즉 원래 성경은 장과 절이 없이 쭉 써내려간 책이다. 중간에 끊고 그러지 않았다. 그리고 한 번 생각해 보시길 바란다. 사도 바울이 서신서를 쓰면서 1절: 그리스도 예수의 사도된 나 바울은... 2절: 디모데에게 편지하노니... 이런 식으로 쓰겠는가? 그렇지 않다. 그냥 하나의 글로 쭉 써내려 갔을 것이다.

그리고 그렇게 쭉 써내려가게 될 때 한 절에서 이 소리하고 다음 절에서 바로 딴 소리하고 그럴까? 그렇지 않다. 물론 주제가 전환이 되고 그렇기는 하지만, 한 가지 생각에 대해 어느 정도 쭉 쓰게 된다. 그게 뭐냐 바로 성경의 단락이다. 문장은 생각의 최소단위를 이야기하는 것이고, 단락은 뭔가? 하나의 같은 생각의 덩어리이다. 그렇기 때문에 한 단락 안에서는 처음부터 끝까지 대체로 같은 이야기를 하게 된다.

그렇기 때문에 성경을 읽을 때는 어느 한 절만 따로 떼어서 생각하면 안 된다. 전체의 문맥 속에 그 절이 들어있는 것을 잊어서는 안 된다. 그래서 지금 저자가 이야기하려는 것이 무엇인가? 저자의 생각의 흐름이 어떻게 진행되고 있느냐? 여기에 항상 주의를 기울여야 한다.

즉 한 단어는 문장 속에서만 그 제대로 된 의미를 가지듯이, 한 문장 역시 그 단락 안에서 의미를 가지는 것이다. 그러므로 성경의 문장도 대부분 앞 뒤 문장과의 관계 속에서만 의미를 가지게 된다. 이게 참 중요한 원리이다. 그러므로 항상 성경 말씀을 해석하기 위해서는 전체의 흐름 속에서 각 절의 내용을 이해하여야 한다.

아까 잠깐 이야기했던 약 4:17의 내용으로 다시 돌아가 보자. 과연 무엇이 죄인가? 이 고민을 제대로 해결하기 위해서는 이 질문에 먼저 답을 해야 한다. 17절을 제대로 이해하려면 어디에서부터 봐야 할까? 그렇다. 17절을 이해하기 위해서는 최소한 13절부터 봐야 한다. 왜냐하면 여기에서 단락이 시작하기 때문이다. 그러므로 13절부터 17절까지는 하나의 이야기로 볼 수 있다. 게다가 17절은 '그러므로'로 시작한다. 이 단어를 언제 쓰나? 결론을 내릴 때 쓴다. 그러므로 앞의 구절들인 13절부터 봐야 한다.

아무튼 이 본문을 보면 비즈니스맨이 한 사람 나오는데 이 사람의 문제는? 돈 버는 것? 계획하는 것? 다 아니다. 다만 장래가 자신에게 달려 있다 생각하는 것이다. 특히 15절은 "너희가 도리어 말하기를 주의 뜻이면 우리가 살기도 하고 이것이나 저것을 하리라 할 것이거늘" 이라고 말씀하고 있기 때문에 이 본문이 생각하는 선과 악은 이러한 것이다. 즉 선이란 장래가 하나님께 달려 있다 생각하는 것이고, 악은 그렇게 생각하지 않고 장래가 나에게 달려 있다 생각하는 것이다. 즉 내가 계획하고 그러면 다 될 것 같은 것, 이 근거 없는 자신감, 이게 악한 것이고, 이게 죄라는 것이다. 그러므로 17절은 이렇게 해석해야 한다. '해야 할 선한 일' 이게 뭐냐 장래가 하나님께 달려 있다 여기는 것인데, 이것을 알면서도 그렇게 여기지 않고 나에게 장래가 달려 있다고 여기면 이게 죄라는 것이다. 그러므로 모든 것이 나에게 달려 있다는 것, 이 교만함, 이게 죄다. 단순히 해야 할 것을 하지 않는 것이 죄가 아니라 본문 속에서 선한 일이 무엇인지, 악한 일이 무엇인지 본문이 규정하고 있는 것을 문맥을 통해서 파악해야 한다.

이와 같이 성경 본문을 바르게 해석해서 본문의 말씀이 오늘날 우리들에게 말씀하시는 신학적인 원리, 이 본문이 오늘날 우리들에게 주시는 의미, 이것을 찾는 이 작업이 바로 세 번째 단계인 Look이다.

4) Took

마지막 단계인 Took에서는 지금까지 성경공부 시간에 배운 내용들을 매일의 자신의 삶 가운데 어떻게 적용할 것인가?를 찾는 단계이다. 즉 개인적인 삶의 행동 지침을 받아들일 것(took)인지 결정하는 단계이다. 이 단계에서는 직접 학생들이 말씀에 반응한다. 이 단계의 목표는 학생들의 삶이 실질적으로 변화하는 것이다. 그러므로 교사들은 학생들을 하나님의 말씀으로 인도하여 그들이 직접 어떻게 삶에서 그 말씀의 원리들을 실천할 것인지 결정하도록 도와야 한다.

필자는 개인적으로 적용을 가장 중요하게 생각한다. 그래서 개인적으로 성경을 연구하든, 교회나 학교에서 가르치든, 늘 묻는다. So what(그래서 뭐)??? 1부의 원리 편에서 다루기는 했지만 적용은 너무나도 중요한 단계이다. 왜냐하면 하나님의 말씀을 아무리 안다고 해도 결국 그 말씀에 순종해서 살아가지 않으면, 그 말씀을 우리들의 삶에 적용하지 않으면 아무런 변화도 일어나지 않기 때문이다. 그렇기 때문에 성경공부에서 가장 중요한 단계가 이 부분이라고 생각한다.

가만히 보면 다른 사람들을 가르칠 때는 물론이고 스스로 성경공부를 할 때도 이 적용의 부분을 대강 넘어가려고 하는 사람들이 있다. 특별히 해석으로 적용을 대신하려는 사람이 있는데 이는 원리를 깨달은 것으로 만족하는 것이다. 이게 왜 문제인가는 예수님 당시의 바리새인과 서기관들을 생각해 보면 된다. 그 종교인들은 알아야 할 모든 것을 거의 다 알고 있었다. 그들은 구약을 거의 정복한 사람들이었다. 그러나 불행히도 하나님의 진리의 말씀에 의해 그들 자신들이 정복되지는 못했다. 말씀을 적용하고 실천하지는 않았다. 그것이 그들의 가장 커다란 문제였다.

개인적으로 이들이 가장 이해가 안 되는 부분이 있는데 마태복음 2장에서 동방에서 온 박사들이 예수님의 나심을 경배하기 위해 찾아온 부분이었다. 이들은 왕이 나심을 알리는 별을 따라왔으니 당연히 왕궁에 왕이 태어났겠거니 생각하고 헤롯에게 찾아간다. 당연히 난리가 난다. 그래서 4절에 보면 헤롯왕이 대제사장과 서기관들을 모아서 "그리스도가 어디서 나겠느냐?" 하고 묻는다. 그러자 막힘이 없이 대답한다. 5-6절을 보면 "이르되 유대 베들레헴이오니 이는 선지자로 이렇게 기록된 바 또 유대 땅 베들레헴아 너는 유대 고을 중에서 가장 작지 아니하도다 네게서 한 다스리는 자가 나와서 내 백성 이스라엘의 목자가 되리라 하였음이니이다" 여기에서 기록된 바 한 이후의 말씀은 구약성경 미가 5장 2절 말씀이다. 즉 그들은 그리스도가 어디에서 태어나겠느냐는 헤롯의 질문에 대해 "유대 땅 베들레헴"임을 정확히 지적한다. 나아가 그 이유를 구약 미가 5장 2절 말씀을 인용하면서 하나님이 '네게서 내 백성 이스라엘의 목자가 태어나리라'고 하셨기 때문이라고 덧붙이고 있다. 정말 성경에 대해서는 박사들이다. 성경지식이 뛰어나고 막힘이 없는 사람들이었다.

그런데 이들의 문제가 무엇이었냐? 메시야이신 예수님께서 태어나셨다는 이야기를 들었음에도 불구하고, 그리고 어디에서 태어나셨는지 알고 있었음에도 불구하고 이들은 찾아가지 않았다. 심지어 먼 동쪽 나라에서 이방인들까지 경배하러 찾아왔는데 서기관과 제사장들은 예수님께 경배하러 베들레헴으로 가지 않았다. 게다가 예루살렘과 베들레헴은 멀리 떨어져 있지도 않았다. 불과 8킬로미터 밖에 안 떨어진 그리 멀지 않은 거리였음에도 그들은 들은 말씀에 전혀 반응하지 않았다. 적용하지 않는 신앙인, 말씀에 반응하지 않는 신앙인이 이렇게 위험하다.

그러므로 교사는 최선의 노력을 기울여 학생들이 하나님의 말씀에 최대한 반응하여, 그들의 삶 가운데 주신 말씀을 실천하도록 가르쳐야 한다. 그리고 적용에 대해 가르치는 것을 준비하기 위해서는 앞 부분에서 설명한 4P들을(Personal, practical, possible, provable) 기억하길 바란다.

5) HBLT 모델을 사용할 때 주의점

종종 이 Took의 단계를 Look 단계와 헷갈려 하는 사람들이 있다. 그게 그거 아니냐는 질문을 가끔 하는데 Look과 Took은 어떻게 다른가 하면 Look은 우리 모두에게 주시는 하나님의 말씀이고, Took은 나에게 개인적으로 주시는 하나님의 말씀이라고 생각하면 된다. 즉 Look이란 우리 모든 그리스도인들에게 주시는 보편적인 신학적 원리로 누구나 예수 그리스도를 주로 고백하는 사람이라면 다 해당되는 말씀이다. 그러나 우리 각자의 상황과 형편은 다를 수 있다. 그렇기에 나 자신이 개인적으로 적용할 말씀을 정리해야 하는데, 그것이 바로 Took이다. 그래서 Look과 Took은 주어가 다르다. Look 은 "우리"로 시작하고 Took은 "나"로 시작한다.

그리고 이 Took 단계는 다음 주 수업의 연결 고리로 사용될 수도 있다. 즉 수업을 마무리하면서 한 주일 동안 실천할 내용을 정리한다. 그리고 그것을 한 주일의 숙제로 내주는 것이다. 그 다음에 다음 주에 만나게 되면 이전 것은 다 무시하고 새로운 Hook을 하는 것이 아니라 지난 주 삶의 과제로 내 주었던 Took의 내용과 연결하여 이번 주의 Hook을 진행한다면 또 좋은 결과가 나올 수 있다.

특별히 성경을 가르칠 때 이 모델을 사용하게 되면 전체 시간을 아우르게 된다. 무슨 말이냐하면 우선은 Hook, 현재에서 출발한다. 지금 내가 있는 곳, 현재 내 학생들의 관심사에서 출발한다. 그리고 학생들을 Hook으로 꿰어서 Book으로 간다. 여기는 어디인가? 과거, 즉 성경속의 시대이다. 성경 본문의 시간으로 들어가는 것이다. 그렇게 생생하게 성경의 시간 속에서 말씀의 내용들을 깨닫고 나면 다시 현재로 온다. 이게 Look! 여기에서 아까 공부한 성경의 원리가 우리의 삶 가운데서 어떠한 의미를 가지는지 배우게 된다. 그리고 마지막 단계가 Took인데, 이건 미래다. 앞으로 내가 어떻게 이 말씀의 원리에 반응할 것인가?를 결정하고 행하게 되는 단계인 것이다.

그리고 이 HBLT 모델을 사용할 때는 준비하는 순서가 중요하다. 즉 준비하는 것은 성경공부를 진행하는 순서인 HBLT의 순서를 따라가면 안 된다. 순서는 다음의 순서를 따르라.

① 본문 연구 (Book) - 본문의 내용을 잘 표현하는 주제 (theme)을 찾기.
② 이게 우리의 삶과 어떤 의미가 있는가? (Look)
③ 어떻게 적용할 것인가? (Took)
④ 적용할 점을 가지고 성경공부의 목표 설정한다.
⑤ 학습법 - 어떻게 가르칠 것인가?를 결정 (Book 2)
⑥ 어떻게 학생들의 주의를 끌 것인가? (Hook)

즉 처음에는 성경 본문에서 시작해야 한다. 이렇게 하는 이유는 아까도 설명했듯이 내가 가르치고 싶은 것이나 이야기하고 싶은 것이 아니라, 성경 본문이 원래 의도하는 바가 무엇인지 밝히기 위함이다. 그리고 나면 그 말씀이 가지고 있는 보편적인 신학적 원리, 즉 오늘날 우리들에게 어떠한 의미인지를 찾는다. 그 다음 단계를 적용을 고민하는 단계이다. 어떻게 삶 가운데 실천할 것인가? 그리고 그것이 바로 성경공부의 목표가 된다.

여기까지 하고 나면 그 다음부터는 '어떻게 가르칠 것인가' 하는 전달의 문제를 다루게 된다. 본문을 가르치기에 가장 적당한 학습법을 선택하고, 그 다음에 제일 마지막으로 하는 것이 바로 Hook이다. 이 Hook은 사실 성경공부가 시작되는 그 직전까지도 고민한다. 과연 어떻게 하는 것이 오늘 성경 본문과 성경공부의 목표를 가장 잘 담아낼 수 있는 Hook이 될 것인가 고민해야 한다.

6) HBLT 모델의 샘플 소개

HBLT 모델에 대한 설명은 충분히 했으니 이제는 실제적으로 어떻게 가르치면 되는가 하는 예제를 소개하겠다. 처음에 소개하는 예는 필자가 속한 교회의 유치부에서 실제로 가르쳐진 것이다. 이 예에서는 Look과 Took이 붙어 있는데 어린 학생들을 대상으로 할 경우, 이 두 가지는 합해서 전달해도 큰 무리는 없다.

제목	잃은 양을 찾아요
목표	잃어버린 양이 누구인지 생각하고 위해서 기도한다.
Hook	*잃어버린 퍼즐 찾기* 아이들과 함께 퍼즐 맞추기를 한다. 그런데 미리 퍼즐 조각 하나를 숨겨놓는다. 아이들이 다 맞추었을 때 하나가 없어서 완벽하게 완성을 못하게 된다. 교사가 아이들과 함께 잃어버린 퍼즐을 함께 찾아본다. 찾았을 때 기쁨을 함께 느끼고 퍼즐을 완성한다.
Book	누가복음 15장 3-4절 말씀 선포 - 양 99마리와 잃어버린 한 마리의 비유
Look & Took	*잃어버린 양이 누구인지 생각하기* 소그룹 활동(큰 환경판 배경: 울타리 안에 예수님과 양들) 어린이들이 직접 꾸민 잃은 양들(믿지 않는 친구/아빠/할머니)을 큰 활동판 배경에 붙이고 그 양들을 위해 기도하기

두 번째 예는 중고등부 학생들을 대상으로 시행된 성경공부이다.

제목	우리는 명품
목표	우리는 하나님이 만드신 명품(masterpiece)임을 깨닫는다.
Hook	*찰흙으로 자기 자신을 표현하기* 학생들에게 칼라 점토를 하나씩 나눠 주고 그것을 가지고 자신을 상징하는 혹은 가장 잘 표현해주는 상징물을 만들도록 한다.
Book	엡 2:10 - 우리는 그가 만드신 바라
Look	요즘 유행하고 있는 명품이란 비싸고 사치스러운 물건들을 의미하지만 원래는 유명한 장인이 만든 것을 명품이라고 한다. 그러므로 하나님이 만드신 우리들은 이 세상 그 어떤 것도 비교할 수 없는 최고의 명품이다.

Took	자기 자신이 스스로에 어떻게 생각하고 있었는지(자아상)를 함께 나누면서 자아상을 새롭게 깨달은 새로운 '내'가 과거의 '나'에게 편지를 써보게 한다.

세 번째 예는 약 3:1-10의 말씀을 가지고 준비한 것으로 중고등부는 물론 청년부들과도 할 수 있는 성경공부의 예이다.

제목	살리는 말, 죽이는 말
목표	우리의 입에서 나오는 말의 중요성을 깨닫고 살리는 말을 하게 한다.
Hook	아이디어 1: 일상생활 중 학생들이 욕을 하면서 대화하는 소리 들려주기(뉴스 영상의 소리 이용) 아이디어 2: 소리 지르기(귀에 대고 조금씩 크게 소리 지르기 / 말이 우리를 아프게 할 수 있음을 느끼게 한다)
Book	가장 많이 나오는 단어 찾기 활동과 "살리는 말 죽이는 말" 영상을 사용하면서 우리 입에서 나오는 말의 중요성을 깨닫는다.
Look	그리스도인들은 덕을 세우는 말/살리는 말을 해야 한다.
Took	자신이 고치기를 원하는 잘못된 말의 습관 정하고 그 말이 적힌 금지 마스크 (글씨 위에 X자 표시해 마스크에 붙인다) 만들기 / 그 마스크를 쓰고 인증샷 찍기 / 그 사진으로 핸드폰 배경화면 바꾸기

2. REWARD 모델

이제부터 다루게 될 이 REWARD 모델은 필자가 고안해 낸 모델로서 HBLT 모델의 몇 가지 아쉬운 점을 보완하기 위해 개발되었다. 우선 현장에서 다년간 HBLT 모델을 사용해 본 결과 대단히 잘 구성되어 있는 좋은 모델임을 사용할 때마다 느끼게 된다. 그런데 이 HBLT 모델은 Hook에서 시작하다 보니 교사가 특별히 신경을 쓰지 않는 한 지난 주 수업 때 했던 내용을 다시 돌아보지 않게 된다. 즉 한 주, 한 주 가르침을 설계하기에는 참 좋으나 예외적인 몇 가지 상황을 제외하면 대부분 매 주 교사가 학생들을 만나서 가르치는 가르침의 정황상 처음에 지난 주 수업을 복습(review)하거나 혹시 내어준 숙제가 있었다면 확인하고 시작할 수 있었으면 좋겠다라는 생각이 들게 되었다.

또한 이 HBLT 모델은 주일학교 분반공부 시간에 사용하기에는 아주 좋으나 더 긴 시간을 가르치기에는 조금 어려움이 따른다는 발견하게 되었다. 즉 교회에서 약 60분에서 90분 정도의 특강을 하거나, 혹은 미션 스쿨에서 종교(기독교) 과목을 가르치게 될 경우 약 50분이이라는 시간을 가르쳐야 하는데 그렇게 긴 시간 HBLT 모델로 가르치다 보니 자칫 Book이 너무 길어지게 되는 현상이 나타나게 되었다. 즉 학생들의 집중력을 더 잘 유지할 수 있도록 더 긴 가르침을 위해서 조금 더 세분된 단계가 있는 모델을 찾게 되었던 것이다.

그리고 무엇보다 세 번째 이유가 가장 컸는데, 구성주의 교수-학습 이론에 기반한 수업 설계 모넬을 만들고 싶었다. 즉 구성주의에서는 지식을 학습자가 스스로 구성해 나가는 것을 대단히 의미있게 생각한다. 사실 기독교교육에서도 이 구성주의적 입장을 고려해 볼 필요가 있다. 사실이 그렇지 않은가? 우리가 하나님에 대해 알고 있는 지식, 신앙에 대해 가지고 있는 생각들, 이 모든 것들을 빈 깡통을 채우듯 누군가 우리의 머릿속에 부어 넣어준 것은 아니다. 우리가 하나님을 믿고 살아가면서 하나님과의 관계들을 통해, 또한 우리 삶의 여러 가지 상황과 사건들을 통해 하나님을 깨닫고, 이해하게 된 것들이다.

롬 12:2 말씀을 보면 사도 바울께서는 이렇게 말씀하신다. "너희는 이 세대를 본받지 말고 오직 마음을 새롭게 함으로 변화를 받아 하나님의 선하시고 기뻐하시고 온전하신 뜻이 무엇인지 분별하도록 하라" 필자는 이 구절이 구성주의적 접근방식이 왜 필요한지 보여주신다고 생각한다. 사도 바울은 "하나님의 선하시고 기뻐하시고 온전하신 뜻을 분별"하는 영적 분별력을 가져야 한다고 이야기하시는데 NIV 성경을 보면 이 "분별"하라는 말을 "시험하고 확증하라" (test and approve) 라고 번역하고 있다. 또한 NASB 성경을 보면 "입증하라" (prove) 라고 번역한다. 조금씩 다른 것 같지만 두 영어 성경은 같은 것을 지목하고 있다.

즉 하나님의 뜻을 분별한다는 것은 하나님의 뜻이 어떤 것인지 안다 하는 것에서 그치는 것이 아니라는 것이다. 거기에서 더 나아가 그 말씀을 우리의 삶 가운데 실천하고, 행동에 옮기는 것을 통해서 하나님의 선하시고 기뻐하시며 온전하신 뜻이 정말 옳고 바른 것이고 우리를 위한 가장 선한 길임을 우리의 삶 가운데 확인하라는 것이다. 즉 기존의 지식 가운데 받아들이는 것으로 끝나는 것이 아니라 삶 속에 실천해서 실제적으로 자신이 가지고 있는 지식을 구성해 나가야 하는 것이다.

사실 미혼 청년들을 만나다보면 남자를 보는 눈, 여자를 보는 눈, 즉 좋은 남자, 여자를 알아보는 분별력이 없는 청년들을 가끔 만나게 된다. 이거 정말 중요한 것인데, 제대로 된 안목이 없는 것이다. 그런데 이런 분별력이 언제 생기는가? 책 읽으면 생기나? 조금은 생길 수 있다. 안 읽는 것보다 나을 것이다. 공부한다고 생기나? 뭐 조금은 생길 수 있다. 그러나 정말 진정한 분별력은 test하고 approve해야 생긴다. 시험하고 확증해야 한다. 좋은 사람이라는 게 어떤 것인지 만나보고, 시험해 보고, 그러다 헤어지고 채이기도 하고, 그러는 가운데 분별력이 생기는 것이다.

영적인 분별력도 마찬가지이다. 말씀을 아는 것으로 그치는 것이 아니라 그 말씀을 그대로 순종해 보는 것이다. 그래서 그 말씀이 "아 정말 그렇다! 정말 하나님의 뜻이 옳다!" 이걸 깨닫게 되는 것이다. 그러다 보면 어떤 일이 생기느냐? 하나님의 뜻이 몸에 베인다. 그래서 나중에는 머리를 그렇게 쓰지 않아도 감이 온다. 이걸 하면 하나님이 기뻐하실지 아니하실지, 그냥 몸에 배인 대로 결정하고 생각하는데 자연스럽게 그 결정들이 하나님의 뜻에 합한 것들이 된다. 이게 바로 영적인 분별력의 진정한 의미이다. 여기까지 이르러야 한다. 그래야 하나님이 기뻐하시는 거룩한 산 제물이 될 수 있는 것이다.

이와 같이 되려면 구성주의적 전제와 방법론이 필요하다고 본다. 즉 교사가 학생들에게 모든 것을 떠 먹여 주는 것이 아니라, 학생들이 스스로 자신이나 다른 사람들의 상황과 문제를 분석하고, 평가하면서, 스스로 답을 찾고 적용점을 찾아가는 모델이 있었으면 좋겠다라는 생각을 하게 되었던 것이다.

또한 이 구성주의적 모델은 다문화 교육을 위한 방법론으로서도 중요한 의미를 가질 수 있다.

현재 한국 사회는 상당히 빠른 속도로 다문화 사회로 변모해 가고 있다. 그렇다고 한국이 미국이나 캐나다와 같이 인구의 상당수가 다른 민족들과 문화들로 이루어진 사회라고 보기는 어렵다. 그러나 외국인 노동자들과 결혼 이민자들의 숫자가 빠른 속도로 증가하면서 국내 거주하거나 체류하는 외국인의 비율이 높아지고 있다. 지난 2011년 조사한 자료에 의하면 무려 144만 명으로 증가하여 근 10년간 100만 명에 가까운 외국인들이 한국 사회의 일원이 되었다고 한다. 이는 대한민국 전체 인구에 대비했을 때 거의 3%에 가까운 인원으로 우리나라 사람 100명 중 3명 정도는 외국인이라는 이야기이다. 그리고 이러한 추세는 더욱 심화될 것이다.

일반적으로 다문화 사회라고 하면 한 사회 안에 두 가지 이상의 문화적 집단이 공존하여 각 집단이 가지고 있는 독특한 생활양식과 문화들이 다양성을 이루어 함께 공존하는 것을 의미한다. 이와 같이 사회가 다문화사회로 변화되게 되는 것은 그 사회에 긍정적인 영향을 끼칠 수 있다. 여러 다른 문화들이 서로 교류하고 또 융합하는 것을 통해 기존 사회에 긍정적인 변화를 불러일으킬 수 있으며, 새로운 문화를 만들어갈 수도 있다. 그러나 한 사회에 두 가지 이상의 문화가 공존하게 될 때 서로 다른 문화와 문화적 집단 간에 편견이나 차별, 소외나 갈등의 문제가 일어나기도 한다. 그렇기 때문에 오늘날과 같은 다문화 사회를 살아가는 현대인들은 다양한 문화 가운데 자신들의 정체성을 가지는 것은 물론 다른 문화를 존중하고 이해하고자 하는 성숙한 시민의식이 필요하다. 그리고 무엇보다 앞으로 더욱 세계화되고 다문화 사회로 변모될 시대를 살아갈 우리의 다음 세대들을 이 다문화 사회를 살아가기에 적절한 사람들로 교육하는 다문화 교육은 더욱 중요한 의미를 가지게 될 것이다.

그렇다면 문제는 어떻게 이와 같은 다문화 교육을 교회가 감당할 수 있을까? 여러 가지 답이 있을 수 있겠지만 구성주의적 교수 학습 방법은 그 좋은 대안이 될 수 있다. 사회적으로 보편화되고 통일된 지식을 습득할 것을 강조하는 객관주의 교육철학과는 달리 구성주의는 다양한 개인의 해석과 지식의 구성과정을 중요하게 생각한다. 또한 구성주의적 접근 방법들은 다문화 교육에서 요구하는 다양한 개인의 경험과 해석, 그리고 다양한 사회적 정황들을 강조한다. 그렇기에 구성주의적 교수방법들은 다문화 교육을 위한 최적의 방법이라 할 수 있을 것이다.

이러한 고민 끝에 나온 것이 REWARD 모델인데 다음의 단계를 따르면 된다.

복습(Review)	지난주의 학습 내용을 복습하거나 내어준 숙제를 확인하는 단계
경험 (Experience)	다양한 경험을 통해 학생들의 주의를 집중시키고, 제기된 주제에 학생들이 자발적으로 참여할 수 있도록 동기를 부여한다.
말씀(Word)	경험 활동을 통해 제기된 주제에 대해 하나님의 말씀은 어떻게 이야기하고 있는지 깨닫는다.
분석과 적용 (Analysis & Application)	깨달은 하나님의 말씀을 가지고 다른 사람의 사례를 분석해 보며, 그 분석의 결과를 가지고 각자의 삶에 적용할 수 있는 방법을 찾아본다.
보상 (Reward)	보상(외재적/내재적 보상)을 통해 학습을 강화한다.
행함(Doing)	깨달은 말씀의 원리를 삶 가운데 실천한다.

1) 복습(Review)

첫 번째 단계는 지난주의 학습 내용을 복습하거나 내어준 숙제를 확인하는 단계이다. 전술한 바와 같이 HBLT 모델은 이 부분이 없어서 아쉽다. 교사가 특별히 신경을 쓰지 않으면 지난주에 배운 학습 내용에 대한 언급이 없이 그냥 넘어가기가 쉬운 것이다. 그렇지만 대부분의 교육의 정황 가운데 매주 연속되는 가르침이 진행되기 때문에 이 Review 부분도 고려되어야 한다고 본다.

또한 이 Review는 단순히 복습만을 위한 것이 아니다. 교사는 이 Review의 과정을 통해 학습을 더욱 의미있게 만들 수 있는 선행지식을 활성화할 수 있게 된다. 즉 교사는 학생들이 수업을 더 잘 이해하도록 여러 가지 전략을 쓸 수 있는데 그 중에 하나가 선행지식을 활성화 하는 것이다. 즉 전에 배운 내용을 상기하도록 함으로써 새로운 내용을 더 잘 가르칠 수 있고, 지난주에 배웠던 것에 대해 질문을 하는 것을 통해 새로운 정보를 연결 짓거나 생각해 보도록 도울 수 있다.

2) 경험(Experience)

두 번째 단계는 학생들이 다양한 경험을 할 수 있도록 하는 단계이다. 이와 같이 하는 이유는 우선 재미있는 도입 활동을 통해 학생들의 주의를 집중시키는 것이다. 이는 HBLT 모델의 Hook과 같은 것으로 학생들에게 어떤 문제 상황을 만나게 하거나 아니면 다른 재미있는 도입 경험이어도 된다.

도입활동으로 사용할 수 있는 좋은 활동 한 가지를 소개하겠다. 필자가 세미나를 가면 꼭 사용하는 예인데 어디에든, 어떤 대상이든 확실한 효과가 있었던 활동이다.

제목: 제 고민을 들어주세요

준비물: 사람 숫자만큼의 A4 용지, 펜 하나씩

진행: 우선 사람들에게 A4 용지를 한 장씩 나누어 주고 가로로 절반을 접게 한다. 그러고 나서는 절반만 사용해서 상담 편지를 쓰게 한다. 이 때 주의할 점은 자신의 이야기를 쓰는 것이 아니라 그냥 전문 상담가에게 상담한다고 치고 임의로 고민 사례를 지어내도록 한다. 그렇게 A4 용지 절반 정도 차게 상담 편지를 작성하게 한다. 그러고 나면 종이를 뒤집어서 내용이 보이지 않게 한 다음 앞 뒤 사람과 바꾸도록 한다. 이 때 주의할 점은 절대

로 뒤집어서 원래의 사연이 무엇인지 보지 않도록 한다. 상담 편지를 서로 교환한 다음, 이제 청중들은 전문 상담가가 된다. 그래서 뒷면의 내용을 보지 않고 그냥 해결책을 써 준다(정말 마음 속에 떠오르는 대로 적어주면 된다). 이제 상담 내용에 대한 처방을 쓰는 것까지 마무리 하고 나면 원래의 사람에게 돌려주고 종이를 다 펴서 상담 내용과 처방을 다 보도록 한다.

결과: 예상한대로 앞의 상황과는 전혀 맞지 않는 처방들이 나오기 때문에 말도 안 되는, 웃기는 상황들이 펼쳐지게 된다. 그 중 사람들이 재미있어 하는 몇 가지 사연을 뽑아서 교사가 읽어 준다.

위의 내용만 보면 그냥 재미있는 놀이 같은 느낌이 든다. 그런데 위의 활동이 무엇을 위한, 어떤 주제를 위한 도입 활동이었는지 아는가? 바로 기도에 대한 것이다. 즉 우리가 하나님께 기도할 때 어떻게 기도하는가? 우리가 나름의 해결책을 세워놓고 기도하다. 아니 떼를 쓴다. 이대로만 이루어 달라고 기도한다. 그런데 사실 엄밀히 이야기한다면 우리는 문제가 뭔지 제대로 아는가? 지금이 무슨 상황인지 제대로 알고나 있는가? 그렇지 않다. 우리들은 미련한 인간이라 지금 이 상황이 왜 우리들에게 닥친 것인지, 왜 이런 어려움이 우리들에게 오는지 전혀 모른다. 그렇기에 우리들이 내놓는 해결책은 상황에 맞지도 않는 어처구니없는 것일 수 있다. 방금 한 활동처럼 하나님 보시기에는 엉뚱하기 그지없는 해결책일 수 있는 것이다. 그러므로 우리들은 기도할 때 하나님께 맡기고, 그 분의 음성을 듣고자 힘써야 한다는 주제를 가르치기 위한 도입 활동이다.

이와 같이 재미있는 활동을 경험함을 통해 학생들이 주제에 관심을 가지게 하고, 무엇보다 스스로 수업에 참여하고자 하는 동기를 부여하는 것이 이 단계의 핵심이다.

그런데 이 단계에서 정말 주의할 점이 있는데 그것이 무엇이냐 하면 전환(Transition) 부분에 신경을 쓰는 것이다. 즉 자칫하면 재미있는 활동은 했는데 그것이 주제제기나 그 날의 본문으로 잘 연결이 안 될 수 있다. 그러므로 활동에서 본문으로 자연스럽게 넘어갈 수 있도록 전환의 말에 신경을 써야 한다. 앤디 스텐리(Andy Stanley)가 「Communicating for a change」라는 책에서 이런 말을 했다. “굽은 길에서는 속도를 늦추라” 무슨 말이냐? 전환부에 대한 이야기를 하고 있는 것이다. 의외로 많은 사람들이 이 전환(Transition)에 그다지 많은 신경을 쓰지 않는다. 그러나 효과적이고 파워풀한 가르침에는 이 전환이 그 무엇보다 중요하다.

학교에서 학생들에게 교수 실습(micro teaching)을 시킬 때가 있는데 정말 안타까운 경우가 종종 생긴다. 그것이 무엇이냐 하면 정말 재미있고 환상적인 도입활동 해 놓고, 뜬금없이 내용으로 바로 연결하는 것이다. 도입 부분에서 좋은 예화를 이야기 해 해 놓고 효과적으로 그 다음 내용에 연결시키지 못하는 경우도 있다. 그러면 안 된다. 확실하게 그 다음 내용으로 연결을 시켜야 하고, 좋은 활동 했으면 거기에서 원리를 뽑아내서 학생들 목을 붙들고 완전히 가르침에 빠질 수 있도록 내용을 잘 연결해서 전해주어야 한다.

3) 말씀(Word)

세 번째 단계는 하나님의 말씀을 배우는 시간이다. 즉 방금 전에 경험을 통해 제기된 주제에 대해 성경은 어떻게 이야기하고 있는지 배우는 것이다. 이 부분은 HBLT 모델의 Book과 Look이 합쳐진 부분이다. 사실 HBLT 모델을 많이 사용하다 보면 이 Book과 Look을 따로 떼어내서 가르치기 쉽지 않다. 오히려 떼어 내는 것이 더 부자연스럽게 되는 경우가 많다. 즉 종종 사건을 설명하면서 원리를 같이 설명하게 될 때도 많이 있다. 그리고 서신서나 예언서 같이 네러티브 형식이 아닌 본문일 경우 더더욱 그렇게 된다.

아무튼 이 부분은 하나님의 말씀을 통해 주제를 다루는 시간이고, 하나님의 말씀을 통해 이 주제에 대한 보편적인 신학적인 원리를 발견하는 단계이다. 워낙 앞 부분에서 많이 다루었기 때문에 여기에서는 단계만을 소개하고 빨리 넘어가도록 하겠다.

4) 분석과 적용(Analysis & Application)

이 단계는 HBLT 모델의 Took과 같이 깨달은 하나님이 말씀을 각자의 삶에 적용할 수 있는 방법을 찾아보는 단계이다. 그런데 이 부분이 Took과는 다른 점이 있다. 여기에 구성주의적 접근방법이 들어가는 것이다.

즉 이 단계에서 학생들은 자신의 적용할 점을 찾는 활동으로 바로 들어가지 않는다. 대신 학생들은 주제와 연관된 문제 사례를 먼저 만나게 된다. 그러면 학생들은 방금 전 배웠던 하나님의 말씀의 원리로 이 문제 사례를 분석하고, 나름의 해결책을 찾아보게 된다. 그렇게 다른 사람들의 사례를 분석하고 해결책을 찾아보게 한 다음 자신의 상황에 적용해 보도록 한다.

복잡하지만 적용 앞에 이와 같은 분석을 넣은 이유는 학생들이 스스로 영적인 상황과 원리들을 가지고 좀 더 적극적으로 생각하고 적용해 볼 수 있는 능력을 길러주기 위함이고, 무엇보다 이렇게 할 경우 더욱 효과적인 적용을 할 수 있게 되기 때문이다.

즉 학생들에게 자신이 깨달은 말씀을 가지고 어떻게 적용해 볼래? 이렇게 바로 넘어가면 좀 머뭇머뭇하는 경우가 많은데, 나의 문제가 아닌 다른 사람의 문제 사례를 먼저 분석하도록 하면, 굉장히 적극적으로 다른 사람의 문제에 대해 이리 저리 이야기를 하게 된다. 그래서 나름대로 그 문제에 대한 해결책까지 찾아보게 하고 서로 발표까지 하게 한 다음, 그 다음에 그렇다면 너는? 너는 어떻게 할래? 이렇게 넘어가는 것이다. 방금 분석하고 찾아낸 해결책이 네 삶과는 상관이 없니? 너도 이렇게 해야 하지 않을까? 하고 묻고 자신의 이야기를 하게 하면 보다 더 깊이 있는 이야기를 하게 되고, 무엇보다 그 해결책 자체가 스스로 내놓은 것이기 때문에 더욱 수용적이 되고, 또 더 잘 지키려고 하는 모습을 볼 수 있었다.

5) 보상(Reward)

이 보상의 단계는 학생들이 분석하고 발표하고 또한 자신의 삶의 적용하는 단계를 잘 해 내었을 때 여기에 대해 외재적 혹은 내재적 보상을 해 주는 것이다. 이를 통해 학습을 강화하고, 무엇보다 자신의 결심을 격려하고 강화해준다.

사실 이 부분은 행동주의 학습이론에서 영향을 많이 받은 것인데, 이 행동주의에 대해 비판하는 사람도 많을 것이다. 즉 교회에서 사용하는 달란트나 전도왕처럼 어떤 보상을 통해 사람들이 무엇인가를 하도록 유도하는 것인데, 이것들을 정말 진정한 성숙으로 볼 수 있겠는가? 하는 숙제가 있는 것이다.

그런데 필자는 개인적으로 행동주의도 방향 설정을 잘 하면 큰 무리는 없다고 생각한다. 즉 교회에서 사용하는 달란트 잔치, 이러한 것들이 왜 문제가 되는가? 사실 외재적 동기가 내재적 동기를 잡아먹어버리기 때문이다. 즉 교회 열심히 나오고, 또 전도하고 그러면 하나님이 주시는 기쁨과 은혜(내면적인 보상)들이 있다. 그런데 외면적인 보상(상이나 달란트)에 대해 너무 강조하다보면 외면적인 보상 때문에 내면적인 보상이 주는 기쁨이 사라져 버리는 것이다. 그래서 비판하고 그러는 사람들도 있다.

그러나 중요한 것은 교육자들로서 우리는 끊임없이 보상을 통해서 학생들의 행동을 강화할 필요가 있다. 그 대신 외재적 보상이 점차로 내재적 보상으로 바뀌게 하는 것을 목표로 삼아야 한다. 외재적 동기에서 내재적 동기로 바뀌어 가는 것 이게 바로 성숙해 지는 것이다.

사실 하나님께서 이스라엘 백성들을 다루시는 것을 보면 외재적인 보상에서 내재적인 보상으로 점차로 바꾸어 가시는 것을 볼 수 있다. 처음에 율법을 보면 하나님께서 이스라엘 백성들을 어떻게 훈련시키는가? 신명기 28장을 보면 된다. 그는 복과 저주의 두 가지로 이스라엘 백성들 훈련시키셨다(율법시대/옛 언약시대). 하나님의 말씀에 순종하고 따르면 복이 있을 것이고, 그렇지 않으면 저주가 있을 것이라는 것이다.

그런데 이제 새 언약 시대에는 어떻게 하시나? 돌비가 아닌 심비에 새 언약을 새겨주신다(렘 31:31-33). 그리고 예수님께서 가르치실 때도 내적 동기 중요하게 여기신다. 이는 산상수훈의 가르침들을 생각해 보면 된다. 이와 같이 하나님께서도 처음에는 이스라엘 백성들을 복과 저주의 외재적인 보상으로 다루시지만, 점차로 구속사가 진행되어 가면서 그러한 외재적인 보상 보다는 내재적인 보상을 중요하게 여기시는 것을 볼 수 있다.

우리도 이렇게 해 나가면 된다. 지금 현재 보상을 하느냐 마느냐가 중요한 것이 아니라, 가르치는 사람이 이 보상에 대한, 그리고 학생들의 성숙에 대한 긴 안목이 있느냐가 더욱 중요하다. 그래서 처음에는 외재적인 보상을 사용해서 학생들의 행동을 강화하고 그렇게 하지만 시간이 지남에 따라 자연스럽게 내면적인 보상으로 바꾸어 주어서 하나님이 주시는 말씀을 순종하는 내면적 기쁨과 은혜를 누리도록 하면 된다.

6) 행함(Doing)

마지막 단계로 학생들이 깨달은 말씀의 원리를 삶 가운데 실천하는 단계이다. 이 단계는 사실 어떻게 보면 숙제의 영역이라고 할 수 있다. 즉 학생들이 이제 자신의 삶의 자리에서 실천해 나가는 단계이다. 그러므로 교사들은 학생들이 삶 가운데 결심한 것들을 잘 실천할 수 있도록 격려해 주고, 주중과 또 그 다음 주에 꼭 확인을 해주어야 한다. 그래서 성경공부할 때만 결심하고 삶의 자리에서는 잊어버리고 사는 일이 일어나지 않도록 해야 한다.

7) REWARD 모델의 예제 소개

이제부터 소개하는 예는 필자가 가르치고 있는 한 대학원생이 REWARD 모델을 가지고 만든 교안이다. 특히 이 학생은 미션스쿨인 고등학교에 교생 실습을 가서 이 모델을 직접 사용했었는데 학생들로부터 아주 긍정적인 피드백을 얻을 수 있었다고 한다.

관련 교과	종교(기독교)	대상	고등학교
대단원명	현대사회 종교와 가정	차시	1차시
소단원명	가정문제와 해결방안	지도 교사	OOO
학습 주제	현대사회 가정문제와 해결방안	시간	50분
학습 목표	현대사회의 가정문제를 알고 성경적인	장소	2학년 1반

(문제)	해결방법을 배운 후 아이들이 가정문제를 해결해본다.	일시	교실 2014년 5월 일 교시
본문 말씀			
학습활동	**교수 · 학습 활동**	**시간(분)**	**자료**
Review	전시 학습 복습	3분	PPT
Experience	1) 일심동체 귤까기 게임 두 사람이 어깨동무를 하고 한 몸이 되어서 귤을 까는 게임이다. 이 게임을 통해서 두 사람이 한 몸 되어 가정을 이루고 사는 것은 힘든 일이라는 것을 가르쳐 준다. 2) 동기유발 한 몸이 되어 가정을 이루고 살아 갈 때 일어날 수 있는 가정 문제에 대해서 생각해본다. (이혼, 가정폭력, 대화단절, 가출) 이 문제들에 대해서 성경은 어떻게 해결할 수 있다고 말씀하시는지 세 가지 키워드를 소개한다.	10분	자판기게임, PPT
Word	<가정의 화목을 위한 3가지 키워드> 첫 번째 키워드: 순종 가정의 화목을 위해서는 자녀는 부모의 말에 순종해야 한다. 부부가 되어 가정을 이루어도 남편은 아내에게 아내는 남편에게 순종해야 가정의 화목을 이룰 수 있는 있음을 가르쳐 준다. 2. 두 번째 키워드: 용서 가정의 화목을 위해서는 용서가 필요하다. 삶을 살아갈 때 서로 생각이 다른 사람이 함께 하는 것이기 때문에 다툼은 어쩌면 당연하게 일어 날 수 있는 것이다. 그렇기 때문에 서	20분	PPT 자료

	로 서로 용서하고 보듬어주는 것이 필요하다. 예수님께서 우리의 큰 죄를 용서해 주셨다는 것을 아이들에게 알려주고 아이들도 서로 용서할 수 있음을 알려준다. 3. 세 번째 키워드: 사랑 하나님은 이웃들을 내 몸과 같이 사랑하라고 하셨다. 가족은 내가 사랑해야 할 이웃 중 가장 가까운 사람임을 알려주며 나의 가족들을 사랑하고 사랑하는 마음에서 끝나는 것이 아니라 사랑을 고백 할 수 있는 마음을 가져야 한다는 것을 알려준다. <동영상자료: 가족에게 가장 듣고 싶은 말은?>		
Analysis & Application	<문제중심 학습법: 동동이의 고민을 해결 해 주세요> 가정문제에 대한 사례를 녹음한 파일을 아이들에게 들려준다. 학생들이 자신의 문제를 해결하라고 하면 학생들이 약간은 방어적으로 나오기 때문에 남의 문제를 해결해 주는 방법을 사용한다. 학생들이 동동이의 고민들을 해결하면서 가정문제에 대한 해결방법을 생각해 보게 한다. <녹음파일: 동동이의 고민>	10분	고민녹음파일, PPT
Reward	아이들에게 이 수업을 통해서 가장 크게 받는 보상은 가족과의 화목임을 가르쳐준다.	2분	
Doing	아이들에게 가족의 화목을 위해 당장 할 수 있는 것들을 생각해보고 post-it에 적게 하며 실제 삶에 적용한다.	5분	post-it

자 이제 한 가지 샘플을 더 소개할 텐데 이 교안은 중고등부 수련회용 프로그램으로 개발된 것이다.

<table>
<tr><td>학습 주제</td><td>세월을 아끼라</td><td>시간</td><td colspan="2">70분</td></tr>
<tr><td>학습 목표
(문제)</td><td>우리에게 주어진 시간이 무한하지 않음을 깨닫고 진정으로 시간을 아낄 수 있는 학생들이 된다.</td><td>장소
일시</td><td colspan="2"></td></tr>
<tr><td>본문 말씀</td><td colspan="4">본문: 엡 5:15-17
15: 그런즉 너희가 어떻게 행할지를 자세히 주의하여 지혜 없는 자 같이 하지 말고 오직 지혜 있는 자 같이 하여
16: 세월을 아끼라 때가 악하니라
17: 그러므로 어리석은 자가 되지 말고 오직 주의 뜻이 무엇인가 이해하라</td></tr>
<tr><td>학습활동</td><td colspan="2">교수 · 학습 활동</td><td>시간
(분)</td><td>자료</td></tr>
<tr><td>Review</td><td colspan="2">전시 학습 복습</td><td>5분</td><td>PPT</td></tr>
<tr><td>Experience</td><td colspan="2">도입활동 - 남녀 짝짓고 혼수 장만 계획 세우기
여자는 3000만원 / 남자는 8000만원

Transition: 돈이 무한하지 않음. 그러니 지혜롭게 사용해야 한다.</td><td>15분</td><td>종이와 펜, PPT</td></tr>
<tr><td>Word</td><td colspan="2">오늘 성경 본문 세월을 아끼라… 시간을 아껴라 이야기하신다. 그런데 시간을 아낀다는 것이 무슨 의미냐? 어떻게 해야 지혜롭게 사용할 수 있는가?

1. 시간이 무한하지 않다는 것을 늘 기억하라.
2. 세월을 아끼기 위해서는 그 대가를 지불해야 한다.</td><td>20분</td><td>PPT 자료</td></tr>
</table>

	3. 세월을 아낀다는 것은 우리 삶의 방향을 이해하는 것을 의미한다.		
Analysis & Application	다른 학생의 사례 분석해 주고 해결책 제시하기 고등학교 2학년이 된 홍비는 반 친구들에게도 인기 만점인 우등생이며 특별 활동에도 팔방미인이었다. 적어도 중학교 때까지는 그랬다. 하지만 고교 진학 후 홍비의 학교 성적은 점점 하향 곡선을 그리기 시작했다. 그 동안 벼락치기로 상위권 유지가 가능했던 중학교 때와는 달리 고교 과정은 반짝 공부에만 가능한 홍비에게는 너무나 벅차게 다가왔기 때문이다. 게다가 중학교 때부터 해오던 특별 활동도 점차 홍비에게 부담이 되기 시작했다. 사실 홍비에게는 음악적인 재능이 있어서 학교에서 2개의 클럽활동을 동시에 하고 있었고 교회에서도 찬양팀 활동을 하고 있었다. 하지만 지금 하고 있는 음악 활동을 쉽게 포기하는 것도 간단한 문제가 아니었다. 음악을 전공하셨던 어머니는 어렸을 때부터 홍비가 어머니와 같이 음악을 전공하는 것을 바라고 계셨고, 홍비 자신도 음악을 하는 것을 통해서 보람과 즐거움을 느끼고 있었다. 이와 같은 상황에 있는 홍비가 어떻게 하면 자신의 시간을 더욱 지혜롭게 사용하고 세월을 아낄 수 있을까? 각자의 시간 분석: 하루의 자신의 시간 사용을 %로 분석해 보기. 각자 분석한 후 그룹에서 친구들과 나눠보기 적용점 정하기	20분	고민 녹음 파일, PPT
Reward	최고의 해결책을 제시하는 팀에게 시상하고, 모두에게 시간을 아낀 보상은 우리 모두가 가장 많이 누릴 수 있을 것임을 강조한다.	5분	

Doing	세월을 아끼기 위해 자신이 선택한 방법을 A4 용지에 크게 쓴 뒤 그것을 들고 인증샷을 찍는다. 사진을 찍은 후 카톡 프로필 사진이나, SNS에 올리게 한 후 함께 기도한다.	5분	A4 용지와 펜

제3장

Visual Aids: 시각자료를 통한 효과적인 가르침

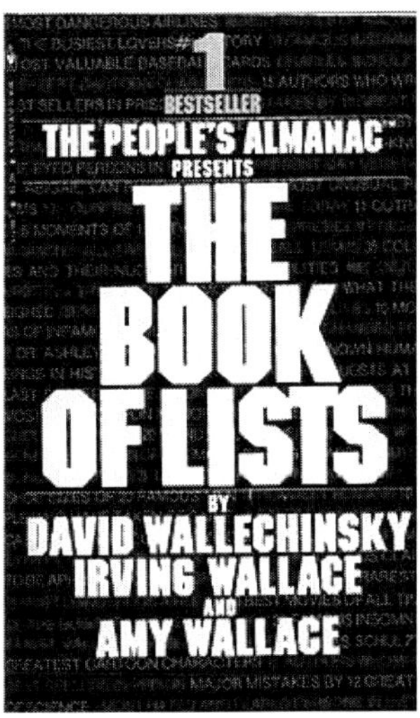

데이비드 왈레친스키(David Wallechinsky)가 집필하고 윌리엄 머로 사에서 출판한 "The Book of Lists"라는 책이 있다. 이 책은 1977년에 출간된 잡학 상식책인데 여러 분야들의 리스트들을 소개하는 책으로 예를 들면 히치 하이킹 하기 가장 안 좋은 장소는? 최악의 양복 회사는? 등의 평범하지 않은 리스트들을 조사해서 정리한 책이다. 이 책을 보면 사람들이 가장 두려워하는 14가지를 소개하고 있는데 다음과 같다.

이 리스트를 보면 대부분의 내용이 안전이나 죽음의 문제와 연결이 되어 있다. 그런데 그것들과 아무 상관이 없는 대중 앞에서 말하기가 가장 두려워하는 1위에 뽑힌 것을 보면 다른 사람들 앞에서 어떤 메시지를 전달한다는 것이 얼마나 어려운 일인지 그리고 사람들이 그것을 얼마나 어려워하는지 잘 보여준다.

사람들이 가장 두려워하는 14가지	
1. 대중 앞에서 말하기 2. 높은 곳 3. 곤충과 벌레 4. 재정 문제 5. 깊은 물 6. 질병 7. 죽음	8. 비행 9. 고독 10. 개 11. 운전/승차 12. 어둠 13. 엘리베이터 14. 에스컬레이터

그리고 이러한 어려움은 매주 규칙적으로 하나님의 말씀을 준비해서 사람들 앞에서 선포하는 설교자들에게도 크게 다르지 않을 것이다. 한 주일에 수 시간의 시간을 투자해서 설교를 준비하면서도 늘 시간 부족에 시달리며, 매주 단에 서서 말씀을 증거하면서도 늘 하나님의 말씀을 더 잘 전달할 수 있지 않았을까 고민하는 설교자들에게 대중 앞에서 말씀을 전하고 가르치는 사역은 기쁨으로 감당하는 복된 사명이기도 하지만 영원히 채워지지 않을 것 같은 갈증이기도 하다.

또한 매일같이 학생들 앞에 서서 가르치는 교사들이나, 교회학교에서 가르치는 교사들도 마찬가지이다. 듣는 청중의 숫자가 많거나 적을 뿐, 사람들 앞에서 말을 해야 하는 어려운 일을 감당하기는 교사들도 똑같다. 그래서 늘 학생들을 가르치고 그들의 앞에 서지만 역시 어떻게 하면 조금 더 효과적으로 가르칠 수 있을까? 고민하게 된다.

그러므로 보다 효과적으로 말씀을 전하고 가르치는 사역을 감당하는 것은 모든 목회자, 교사들의 공통된 소망일 것이다. 그렇다면 우리의 가르침의 사역을 보다 효과적으로 도울 수 있는 방법이 없을까? 우리가 가르치는 내용들을 청중들이 보다 쉽고 재미있게 이해하고, 가르친 내용들이 보다 오래 기억되며, 보다 더 강렬하게 그들을 감동시킬 수 있는 방법이 없을까?

이 간절한 질문에 대한 한 가지의 답은 바로 시각 자료를 효과적으로 활용하는 것이다. 사실 한 때 한국 교회에 영상 목회라는 새로운 트렌드가 찾아온 적이 있었다. 적지 않은 가격이었음에도 불구하고 각 교회가 경쟁적으로 액정프로젝터를 설치했고, 설교를 고가의 카메라를 이용해서 방송하기 시작했으며, 파워포인트나 기타 자막 프로그램들을 통해 단순히 음성으로 메시지만 전달하는 것이 아닌 멀티미디어가 결합된 설교를 시도하기 시작했다. 또한 학교에서도 각 교실마다 TV가 설치되고, 프로젝터가 도입이 되면서 자연스럽게 PPT를 사용하며 교과서를 가르치거나 내용을 전달하게 되었다.

그러나 많은 교사와 설교자들이 시각자료나 영상 자료의 효과에 대한 분명한 이해가 없이 그저 교과서의 내용을 그래도 옮겨 보여주거나, 다른 교회의 겉으로 드러나는 사역들을 복제해서 시도하는 경우가 많았고, 차츰 영상이나 시각자료를 사용하고 있기는 하지만 가르치는 사람이나 청중 모두에게 더 이상 새롭지 않은, 심지어 전혀 효과적이지 않은 시각자료를 사용하는 경우가 많게 되었다. 여기에 영상자료를 준비할 때 들어가는 많은 시간 역시 가르치는 사람들에게 적지 않은 부담이 되었고, 그렇다고 고가의 영상자료를 계속 구입하는 것 역시 쉽지 않은 일이다. 그 결과 각 교회나 학교마다 좋은 영상장비들을 갖추고는 있지만 영상을 중계하거나 유인물의 내용을 화면으로 보여주는 것 이상의 메시지 전달이나 교육적인 효과를 내고 있는 경우는 많지 않은 것이 현실이다.

필자는 이제 이번 장의 내용을 통해 다시 한번 그 어떤 것보다 강력한 가르침의 보조 도구인 시각 자료들의 효과들을 설명하며, 왜 시각 자료를 우리의 가르침 가운데 사용하는 것이 좋은지 다시 정리하도록 하겠다. 또한 이어지는 내용들을 통해 시각 자료들의 종류들과 각 시각 자료들의 효과들을 설명하도록 하겠고, 마지막으로 이 시각자료를 우리의 설교나 가르침의 사역에 어떻게 실제적으로 적용할 수 있을지 몇 가지의 아이디어들을 함께 나누도록 하겠다. 본인은 교육학을 전공하고 공부한 사람으로 설교학이나 신학의 깊은 지식은 가지고 있지 않다. 대신 교육학에서 수많은 교사들이 고민하듯 어떻게 하면 보다 학생들을 잘 가르칠 수 있을지 고민할 뿐이다. 부족한 원고가 모든 가르치는 사역자들에게 보다 효과적으로 말씀을 전하고 가르침의 사역을 잘 감당하는데 작은 보탬이 되길 간절히 소원한다.

1. 왜 시각 자료를 써야 하는가?

1) 주의를 환기시키고 유지시키기 위해서

가르치는 사람들이 늘 고민하는 것 중에 한 가지가 바로 어떻게 하면 청중의 주의를 늘 설교나 가르침에 집중하도록 할 수 있을까 하는 것일 것이다. 사실 교사나 설교자들이 가르치는 가운데 청중의 머릿속에는 수많은 생각들이 스쳐가게 된다. 물론 앞에서 이야기하는 교사나 설교자의 이야기를 듣고 있기는 하지만 그 와중에 청중들은 집안의 일이나 다른 모임, 그 밖의 개인적인 사정 등 수많은 생각들을 하게 된다. 그러다가 잠깐 사이에 청중들은 가르침의 내용이 아닌 자신들의 생각들에 빠지기 쉬우며, 더 심한 경우 꾸벅꾸벅 조는 일까지 일어나게 된다.

그런데 사람들은 이러한 잡념들을 과소평가하는 경향이 있다. 그냥 '내가 집중하겠다' 그렇게 생각하고 노력하면 잡념이 생기지 않겠거니 생각한다. 그러나 잡념은 사람이 살아있고 또 의식이 깨어있다면 항상 일어나게 되어 있고 그것을 완전하게 막을 수는 없다. 이전 장에서도 언급한 적이 있지만 산타 바바라 캘리포니아 대학의 조나단 스쿨러 (Jonathan Schooler)에 따르면 사람들은 10퍼센트 정도의 시간을 잡념에 쓴다고 생각하지만 실제로는 그보다 많다고 한다. 보통 일상적인 활동을 할 때 30퍼센트 정도의 시간을 잡념에 쓰며, 어떤 경우 (예: 한산한 고속도로를 운전할 때) 에는 70퍼센트까지 올라간다고 한다.

왜 이렇게 인간은 잡념에 빠지고 딴 생각을 하게 되는 것일까? 이는 우리 인간의 두뇌의 메커니즘을 이해하게 되면 의문이 풀리게 된다. 보통 인간의 두뇌가 언어 정보를 처리하는 속도는 입으로 말하는 말의 속도보다 훨씬 빠르다. 영어로 말하는 서구인의 경우 보통 1분에 150단어 정도(WPM, Words per minute)를 말하게 된다. 그러나 두뇌가 처리하는 단어의 속도는 1분에 400~500단어나 된다. 즉 여기에서 속도의 gap이 생기게 되는 것이다.

즉 두뇌는 다른 사람들이 말하는 이야기를 들으면서도 다른 생각들을 할 수 있는 여력이 충분이 있는 것이다. 그래서 사람들이 다른 사람이랑 이야기하는 중에도 딴 생각하고 그러는 것이 가능한 것이다. 그런데 문제는 설교나 우리가 가르치는 가운데도 듣는 사람들에게 똑같은 현상이 일어난다는 것이다. 그러므로 이 Gap 을 줄이는 것이 청중들의 주의를 집중시키는데 있어서 너무나 중요하다. 그리고 이 일을 위해 시각 자료를 사용하면 효과적이다. 즉 두뇌가 가르치는 자의 말 외에 다른 정보를 처리하도록 일을 주는 것이다. 대신 다른 일을 주면 주의가 산만해지니 지금 이야기하는 것과 관련된 시각자료를 보여주는 것이다. 이렇게 되면 두뇌는 가르치는 자의 말을 들으랴, 눈앞에 보이는 시각자료의 정보를 처리하랴 다른 생각을 할 여유가 없게 되고 자연스럽게 가르치는 사람의 말에 집중하게 된다.

2) 가르침의 효율성과 효과를 위해

가르침에 있어서 항상 고민해야 할 것 중에 한 가지가 효율성(Efficiency)을 추구할 것인가? 아니면 효과(Effectiveness)를 추구할 것인가? 사이의 고민이다. 가르침의 효율성을 추구한다면 짧은 시간에 많은 정보를 전달하는 일에 초점을 맞춰야 한다. 한편 효과적인 가르침을 추구한다면 이는 많은 정보를 전달하는 것을 목적으로 하는 것이 아니라 적은 양의 정보를 전달하더라도 쉽게 이해되고 또 강렬한 인상을 남기는 것을 추구하는 것이다.

그런데 어느 쪽을 추구하든지 시각자료는 가르침의 좋은 친구가 된다. 먼저 효율성 측면을 살펴보자. 시각 자료가 적절히 사용될 경우 주어진 시간 내에서 보다 많은 가르침을 전할 수 있다. Pennsylvania Wharton School과 Minnesota 대학에서 연구한 결과 시각 교구를 병행한 프리젠테이션은 개념 설명에 소용되는 시간을 40%나 단축시키고 좋은 의사결정의 가능성을 높여준다고 한다. 또한 Wisconsin 대학의 연구 결과 시각 교구를 사용하여 어휘를 학습했을 때 학습효과가 200% 향상되었다고 한다.

그러나 시각자료의 탁월성은 효과적인 가르침을 추구할 때 더욱 빛이 난다.

한국 속담에 "백문이 불여일견(百聞-不如一見)"이라는 말이 있다. 백마디 말보다 한 번 보는 것이 낫다는 것이다. 그 만큼 직접 우리 눈으로 보게 될 때 보다 분명하게 의미가 전달된다는 것이다. 중국 속담에도 비슷한 속담이 있는데 "그림 하나는 천마디 말과 똑같다"는 말이 있다.

만약에 우리가 한 번도 옷을 입어보지 않은 아마존 인디언에게 보여주는 것 없이 말로만 옷 입히는 것을 가르친다면 어떤 일이 일어날까? 최선을 다해 설명을 하겠지만 옷이라는 것을 생전 처음 보는 아마존 인디언이 우리의 설명을 듣고 이해하고 따라한다는 것은 너무나 어려운 일이 될 것이다. 그러나 그에게 옷 입은 것을 한 번 보여주면 어떻게 될까? 그 동안 답답하게 설명했던 것이 무색할 정도로 빠르게 이해하고 옷 입는 법을 배우게 될 것이다. 이와 같이 어떤 메시지를 전할 때 시각 자료를 사용하는 것은 너무나 효과적이다.

1982년에 USA Today지가 창간될 때 유행했던 말이 있었다. "글자는 적게, 그림을 많이(less words, more pictures)" 라는 말이었는데 이는 이 USA Today지가 창간하면서 혁신적으로 글자는 줄이고 그림을 더 많이 실은 것을 비웃는 말이었다. 많은 사람들이 그런 스타일은 살아남을 수 없을 것이라 예상했다. 그러나 결과는 전혀 예상과 달랐다. 창간 뒤 4년이 못 되어 USA Today지는 미국에서 두 번째로 많이 팔리는 신문이 되었고, 10년도 지나지 않아 미국에서 최대의 판매부수를 자랑하게 되었다.

어떻게 이런 일이 일어났을까? 첫째, 그림이 글자보다 정보를 효과적으로 전달할 수 있기 때문이다. 둘째, 미국의 근로자들은 늘 더 많은 일을 더 적은 사람이 해야 하는 상황에서 끊임없이 과로하고 있다. 그리고 셋째, 대다수 미국인들이 여전히 신문을 읽는다. 이 세 가지 사실이 결합된 결과였다. 과로에 지친 미국인들의 바쁘고 혼란스러운 세계에서는 정보를 더 효과적으로 전달하는 매체가 선호될 수밖에 없었던 것이다.

오늘날의 현대인들 역시 너무나 바쁘고 혼란스러운 삶을 살아가고 있다. 치열한 경쟁의 자리에서 일주일 내내 전쟁을 벌이다가 그래도 주일이라고 예배하기 위해 교회로 모인다. 그리고 열심히 설교를 들으려고 한다. 이러한 청중들에게 과연 어떠한 메시지가 효과적으로 다가갈까? USA Today지의 사례에서 알 수 있듯이 시각 자료를 적절히 사용하게 될 때 효과적으로 그들에게 메시지를 전달할 수 있을 것이다.

또한 우리가 가르치는 학생들도 매일매일 과중한 공부의 양과 다양한 과목의 학습들로 힘들게 하루하루를 보내고 있다. 이들을 가르치기에 어떠한 매체가 좋겠는가? 보다 쉽게 이해가 되고 기억이 되는 시각자료를 잘 사용한다면 이들을 가르치는데 있어서 놀라운 효율성과 효과의 결과를 거둘 수 있을 것이다.

3) 기억력 향상을 위해서

또 한 가지 시각자료를 사용하는 이유는 청중들이 가르침의 내용을 보다 더 잘 기억하도록 하기 위함이다. 연구 결과에 의하면 학생들이 배우고 난 뒤 일주일이 지나게 되었을 때 학생들이 배운 것을 기억하는 정도는 그 학생이 어떤 방법을 통해 배웠는가가 크게 영향을 미치고 있었다. 학생들은 읽은 것은 10%, 들은 것은 20%, 들으며 읽는 것은 30%, 보면서 들은 것은 50%,

소리 내여 읽거나 토의한 것은 70%, 그리고 스스로 해 본 것은 90% 기억한다고 한다. 즉 물론 직접 스스로 해보거나 토의한 것에 비하면 기억의 정도가 떨어지기는 하지만 그냥 읽거나 듣는 것보다는 보면서 듣는 것이 기억에 있어 보다 효과적인 것으로 드러났다. Harvard와 Columbia 대학에서도 비슷한 연구를 한 적이 있는데 시각교구를 사용하면 14-38%의 기억력 향상이 가능하다는 연구 결과를 내어 놓았다.

또한 2009년 존 J. 메디나라는 두뇌 학자가 재미있는 책을 한 권 썼다. Brain Rules라는 책인데 이 책은 어떻게 두뇌가 기능하는가에 대한 12가지의 기본 규칙을 설명하고 있다. 그런데 이 규칙들이 다 가르치는 자들에게 많은 시사점들을 제공한다. 그런데 그 중에 10번째 규칙이 뭐냐 하면 "시각이 모든 다른 감각을 지배한다"는 것이다. 즉 사람들은 시각적인 정보를 잘 기억한다고 한다. 메디나의 연구에 의하면 만약에 그냥 우리가 어떤 정보를 받아들인다면 3일 후에 고작 10%만 기억이 난다고 한다. 그러나 그림을 함께 보게 될 때 무려 65%가 기억이 난다고 한다. 이렇게 되는 이유는 즉 두뇌는 글자를 작은 그림으로 인식하기 때문이라고 한다. 메디나는 이렇게 설명한다. "글자가 비효율적인 것은 그림과 다르기 때문이 아니라 그림과 너무 닮았기 때문이다. 글자는 뇌가 받아들이기에는 너무나 특이한 정보전달매체이다."

이와 같이 시각 자료와 함께 가르치게 되었을 때 청중들은 어느 정도의 시간이 지나도 더 잘 기억할 수 있다. 일단 그림과 함께 가르치게 되면 내용은 몰라도 일단 그림이 기억나게 되고, 그 그림을 기준으로 가르친 사람의 설명을 떠올릴 수 있다. 이게 시각자료의 효과이다.

4) 현실을 가르침의 자리로 불러오기 위해서

또 한 가지 시각자료를 사용하는 이유는 우리가 말씀을 전하거나 가르치는 환경 가운데 모든 것을 다 준비하고 비치할 수는 없기 때문이다. 사실 가장 효과적인 가르침이 일어나는 장소는 그 현장에 가서 직접 배우는 것이다. 그렇기 때문에 역사학과 같은 경우, 학과의 중요한 과정 중에 하나가 바로 고적답사나 현장답사를 하는 것이다. 그러나 그것이 효과적이라고 해서 우리가 늘 현장으로 찾아갈 수는 없는 일이다.

대신 우리는 이 시각 자료들을 통해 우리가 가르치는 상황 가운데 현실을 불러들일 수 있다. 즉 간접적이기는 하지만 시각자료들을 통해 다른 세상을 경험할 수 있는 것이다. 우리는 시각 자료를 통해 몸은 여기 한국에 있지만 뉴욕을 가 볼 수도 있고, 영상 자료를 통해 아프리카의 선교지도 들여다 볼 수 있다. 시각자료는 시간과 공간의 제약에 매이지 않는다. 수천 년 전의 역사의 상황을 가져올 수도 있고 수천 km 떨어진 다른 나라의 현실을 지금, 여기에 가져올 수 있다.

그리고 이는 우리의 청중들에게 막연함이 아닌 현실감을 제공하게 된다. 북한의 탈북자들과 꽃제비들에 대해 말씀을 전하거나 가르친다고 생각해 보라. 그냥 말로만 설명하게 되었을 때는 그냥 막연하고 그런가 보다 생각하기 쉽다. 그러나 북한의 현실을 영상을 통해 소개하게 될 경우 청중들은 비록 화면상이기는 하지만 북한 땅에서 고통 받는 동포들을 만나게 된다. 이렇게 될 때 그들의 어려운 상황이 확 현실로 다가오게 된다. 이게 지금 벌어지고 있는 현실이라는 것, 지금 북한의 동포들이 이런 어려운 상황 가운데 실제로 처해있다는 것을 우리가 직접이든 간접적이든 보게 되면 이해는 물론이고 그 상황에 충분히 공감하게 된다. 이것이 바로 시각자료의 효과이다.

5) 오해의 소지를 줄이기 위해서

시각 자료는 처음 접하는 정보에 대해 오해의 소지를 줄여준다. 생전 처음 듣는 단어, 특히 한자나 영어로 된 단어를 만나게 될 경우, 말로만 설명하는 것보다 그 단어가 어떤 한자나 스펠링으로 되어 있는지 보는 것은 그 단어를 이해하는데 큰 도움이 되고 잘못된 오해의 소지를 줄여준다.

한 번도 가보지 않은 친구의 집을 방문하려 할 때 어떻게 가는 길을 알아낼 것인가? 단지 어떻게 가는지 설명을 듣기만 할 것인가? 이러한 상황일 경우 가장 좋은 설명 방법은 지도를 통해 가는 길을 배우는 것이 가장 효과적이다. 같이 앉아서 지도를 그려가면서 설명하고 또 그렇게 그림을 그려가면서 설명을 듣게 되면 오해나 실수의 소지가 줄어든다. 괜히 말로 이리저리 설명하게 되면 오히려 헷갈릴 수 있고 시간도 많이 걸린다. 직접 보면 헷갈리지 않고 잘 못 이해하는 일도 크게 줄어든다.

그리고 특별히 이 시각 자료를 사용하는 것은 처음 그것을 접하는 사람에게는 굉장히 중요하다. 특히 주일학교 어린이들에게 새로운 것을 가르칠 때는 시각 자료를 함께 사용하는 것이 중요하다.

도널드 P 레기어 (Donald P. Regier) 의 글을 보면 다음과 같은 저자의 일화가 등장한다. 어느 날 주일 예배가 마치고 난 후 레기어는 다섯 살 난 아들에게 분반공부 내용 물어봤다고 한다. 그랬더니 아들이 하는 이야기가 고래에 대해 배웠다고 한다. 고래라고? 이상하게 여긴 레기어가 계속 물었다. “그래 고래에 대해 배웠다고, 그 고래가 뭘 했니?” 그랬더니 그 아들이 이렇게 대답했다. “그 고래가 낙타와 소, 그리고 양들에게 물을 주었어요?” “뭐라고 어떻게?” 놀란 레기어가 다시 물었다. 그랬더니 아들은 이렇게 대답했다고 한다. “글쎄요, 입을 벌리면 물이 나왔던 것 같은데…” 이상히 여긴 레기어가 아들의 교재를 봤다. 그랬더니 고래(whale)가 아닌 구약시대 족장들이 사용한 우물(well)에 대한 이야기였던 것이다. 영어의 발음이 서로 비슷해서 생기게 된 오해였던 것이다.

주일학교 어린이들이나 초신자들처럼 성경의 배경지식이 거의 없는 사람들에게 성경을 가르칠 때 시각자료를 하나도 사용 안 하면 이런 결과가 나올 수 있다. 그러므로 설교자들은 항상 말씀을 가르치고 모든 설명을 할 때 그 성경의 내용에 대한 배경지식이 거의 없는 사람들을 기준으로 삼을 필요가 있다. 내가 마음 속에 그림이 있다고 해서 모든 사람들이 그 그림을 가지고 있는 것이 아니다. 그러므로 그림 자료를 통해 어린 아이들이나 초신자들이 성경의 이야기들에 대해 오해하지 않도록 해주어야 한다.

6) 하나님께서 그렇게 하셨다.

히 1:1은 "옛적에 선지자들로 여러 부분과 여러 모양으로 우리 조상에게 말씀하신 하나님" 이라고 선포하고 있다. 즉 하나님께서는 우리 인간들에게 음성으로만 말씀하시지 않았다. 여러 가지 다양한 방법들을 통해 인간들에게 말씀하셨는데 그 중에 한 가지가 바로 시각자료였다. 즉 하나님께서는 우리 인간들의 눈에 보이는 것들을 통해 말씀하고는 하셨다.

시 19편 1절은 보면 다음과 같이 말씀하신다. "하늘이 하나님의 영광을 선포하고 궁창이 그 손으로 하신 일을 나타내는 도다" 즉 하나님께서 언어가 아닌 자연을 시각적 의사소통의 도구로 사용하신 것이다. 그래서 인간이 하나님께서 지으신 그 하늘을 보면서 하나님의 영광을 알 수 있도록 하셨다. 이와 같이 하나님은 인간이 볼 수 있는 것으로 자신을 계시하셨다.

에스겔 4장을 보면 하나님께서 특별한 시각 자료를 사용하시는 것이 나타난다. 즉 하나님께서는 에스겔에게 바벨론 군대의 손에 예루살렘이 멸망할 것을 묘사하는 실용적인 한 모형(시각자료)을 지시하셨다. 에스겔은 390일 동안 좌편으로, 그 후엔 40일 동안 우편으로 누움으로써 앞으로 포위당할 미래를 극적으로 표현했다. 이와 같이 하나님께서는 에스겔이 단순히 입으로만 예언하도록 하신 것이 아니라 에스겔 자신을 하나의 시청각 자료로 사용하셨다. 이는 하나님께서 시각 자료를 쓰신 좋은 예이다.

그리고 구약에서 하나님께서 사용하신 강력한 시각 자료가 있다. 그것이 바로 성막이다. 복잡한 세부 장식을 갖춘 구약시대의 성막은 피흘림을 통해 하나님께 나아가는 것을 시각적으로 분명하게 보여주고 있다. 각각의 기구들과 집기들은 깊이 있는 신학적 의미를 마치 그림처럼 전달한다. 오늘날도 우리는 성막을 통해 하나님과 복음의 놀라운 진리를 시각적으로 분명하게 배울 수 있다.

또한 예수님께서도 늘 다양한 표현과 시각적 은유기법들을 쓰셨다. "하늘에 나는 새를 보라 들판의 백합화를 보라" 이와 같이 청중들이 직접 볼 수 있는 것들을 사용하시면서 자신의 메시지를 전달하셨다. 또한 예수님의 기적들 역시 자신이 전하고자 하는 메시지를 보강하는 효과가 있었다. 눈앞에 펼쳐지는 놀라운 기적들을 통해 예수님을 따르는 군중들은 하나님 나라가 예수님을 통해 이루어지는 것을 볼 수 있었다.

그리고 하나님이 사용하신 최고의 시각자료는 바로 예수 그리스도의 십자가이다. 롬 5:8은 우리에게 이렇게 증거하신다.

“우리가 아직 죄인 되었을 때에 그리스도께서 우리를 위하여 죽으심으로 하나님께서 우리에 대한 자기의 사랑을 **확증하셨느니라**" 예수 그리스도의 십자가는 하나님이 우리 인간들을 얼마나 사랑하시는지 보여주시는 놀라운 시각적 상징이다.

이와 같이 하나님께서도 우리 인간들에게 시각적 자료들을 사용해서 자신을 계시하셨고, 우리에게 말씀하셨다. 왜 그렇게 하셨겠는가? 말로만 하는 것보다 시각적인 자료들을 활용하는 것이 훨씬 효과적이기 때문이다. 하나님께서 인간들에게 말씀하시는데도 이렇게 하셨는데 우리 부족한 인간들은 어떻겠는가?

지금까지 우리는 우리가 말씀을 전하든 가르치든 시각자료를 과연 왜 사용해야 하는지, 그리고 시각자료를 활용할 때 어떤 유익이 있는지 살펴보았다. 그러나 이렇게 시각자료가 효과적이라는 것은 특별한 설명이 없이도 설교나 가르침의 자리에서 효과적으로 시각자료를 사용해 본 교사나 목회자라면 체험적으로 알고 있을 수 있다. 중요한 질문은 그 다음이다. 즉 과연 이렇게 효과적인 시각자료를 우리의 가르침과 말씀 사역에 어떻게 활용하는가 하는 것이다. 특별히 이 부분의 내용은 있어서는 필자의 교회에서 실제로 사용되었고 증명된 자료들을 함께 나누면서 설명하도록 하겠다.

2. 어떻게 시각자료를 우리들의 가르침에 활용할 수 있는가?

1) 보여줄 수 있는 예화는 실제로 보여주라.

사실 이 내용은 거창한 이야기는 아니다. 대부분의 설교자라면 다양한 예화들을 사용해서 메시지를 효과적으로, 또 쉽게 잘 전달하기 위해 노력할 것이다. 그런데 많은 경우 예화를 그저 이야기로만 사용하는 경우가 많다. 그러나 어떤 예화들은 그것과 관련된 실제 그림들이나 사진들을 보여줌을 통해서 보다 현실감 있는 메시지를 전달할 수 있다.

그 한 예로 결단을 촉구하는 이야기로 유명한 극작가인 버나드 쇼의 이야기를 설교자들이 많이 인용하고는 한다. 즉 그의 묘비에 이런 글이 쓰여 있다는 것이다. "우물쭈물하다 내 이럴 줄 알았다" 그런데 많은 설교자들이 이 문구를 그냥 읽고는 끝난다. 그러나 조금만 노력하면 실제 버나드 쇼의 묘비 사진을 찾아볼 수 있다. 즉 단순히 인용문을 언급하는 것으로 끝나는 것이 아니라 실제 사진을 보여줌을 통해 청중들의 주의도 환기시킬 수 있고 더 나아가 설교자의 이야기가 꾸며낸 이야기가 아닌 진짜 현실의 이야기임을 시각자료를 통해 증명해 낼 수 있는 것이다.

한 가지 예를 더 들어 보겠다. 성도들에게 변화를 촉구하면서 좋은 예화가 없을까 찾던 중, 2009년 말 코펜하겐에서 열린 세계기후변화 협약 총회를 통해 한 동상이 만들어졌다는 것을 알게 되었다. 이는 뚱뚱한 비만의 백인 여자가 비쩍 마른 흑인 남자 등위에 올라타 있는 동상인데 그 동상에는 다음과 같은 글귀가 적혀있다고 한다.

나는 한 사내의 등 위에 올라타 있다. 그는 나 때문에 점점 아래로 가라앉고 있다. 나는 그를 위해 뭐든 할 생각이다. 단, 사내의 등 위에서 내려가는 것은 빼고…	I'm sitting on the back of a man. He is sinking under the burden. I would do anything to help him. Except stepping down from his back.

즉 문제는 그 뚱뚱한 백인 여자가 등위에서 내려오면 문제가 해결되는데 그걸 안 하겠다고 버티고 있으니 답답한 노릇인 것이다. 즉 "나 한 사람만 변하면 되는데 변하지 않고 있으니 답답하다. 그러므로 우리 모두 하나님의 백성들 되기 위해 변화되길 결단하자" 이것이 바로 청중들에게 전달하고자 하는 내용이었다. 그러므로 사실 이 동상의 글귀만 소개하고 끝났어도 큰 문제는 없었을 것이다. 그러나 보다 큰 전달의 효과를 위해 인터넷으로 동상의 정보와 사진들이 있는지 찾기 시작했고, 다음의 두 사진을 찾아서 사람들에게 보여줄 수 있었다.

이것이 바로 '백문이 불여일견'이라는 말의 뜻이다. 말로 백 날 설명해 봐야. 그림을 한번 보는 것을 따라갈 수 없다. 오늘날 교사들이나 설교자들이 사용하는 많은 예화들 가운데 실제 그림이나 동상, 혹은 실제 건물이나 장소 등 사람들에게 시각적으로 보여줄 수 있는 것들을 주제로 하고 있는 것들이 많이 있다. 이러한 내용들을 예화로 사용하게 될 때는 최대한 시각적으로 사용하는 것이 효과적이다. 그림이나 사진으로 직접 보여줄 수 있는 예화는 실제로 보여주기 위해 노력하자.

2) 효과적이고 파워풀(powerful)한 시각자료를 사용하라.

강의나 설교를 준비할 때마다 시각자료를 준비하는 것은 쉬운 일이 아니다. 그렇기 때문에 한 번을 사용하더라도 효과적이고 파워풀한 시각자료를 사용하는 것이 좋다. 그렇다면 무엇이 효과적이고 파워풀한 시각자료인가? 다음의 원칙들을 기억하는 것이 좋다.

① 디자인을 잘 하라

이 원칙은 디자이너가 디자인 하듯 시각적인 아름다움을 추구하라는 이야기가 아니다. 시각자료를 사용할 때 가장 중요한 디자인의 요소는 청중이 읽을 수 있도록 디자인하는 것이다. 사실 너무나 당연한 이야기인데 적지 않은 경우 청중이 볼 수 없는 자료를 시각자료로 사용하는 경우가 있다. 특히 화면에 그림이나 도표 글자를 넣는 경우 청중이 제대로 알아볼 수 없을 만큼 희미한 그림이나 도표, 그리고 작은 글씨들을 사용하는 경우가 많다. 이런 경우 청중은 화면의 내용을 제대로 이해할 수 없다. 그리고 가르침의 장소가 크고 사람들이 많이 모일수록 이런 위험은 커진다. "화면의 글씨가 안 보이나요?" 혹은 "이 화면으로 봐서는 잘 알 수 없지만..." 더 이상 이런 변명은 그만 두어야 한다. 청중들이 화면의 글씨나 그림이 충분히 이해하고 볼 수 있도록 디자인을 해야 한다. 이를 위해 2가지만 기억하도록 한다. 청중을 키스로 죽여라! 무슨 이야기인가 하겠지만 프레젠테이션 디자인을 하는데 있어서는 금언과 같은 말이다. KISS, 즉 화면의 디자인을 최대한 간단하고 짧게 하고(Keep It Simple & Short), 또 KILL, 즉 화면의 글씨와 그림들은 크고 읽을 수 있도록(Keep It Large & Legible) 해야 한다.

혹시 애플의 전 CEO였던 고(故) 스티브 잡스의 프레젠테이션을 본 적이 있는가? 스티브 잡스의 프리젠테이션의 특징 중 하나는 '간결함'이다. 핵심적인 용어나 단어, 그림 등을 띄어놓고 내용은 말로써 설명한다. 이와 같이 시각적으로 보여지는 자료는 혹시 글자를 사용하더라도 신문의 헤드라인 정도만 생각하고 만드는 것이 가장 바람직하다. 핵심 내용 1~3줄만 표시해도 내용은 잘 전달된다. 그러므로 청중들이 내용을 잘 파악할 수 있도록 디자인하라. 효과적인 커뮤니케이션을 위한 화면 디자인에 관한 보다 구체적인 내용은 다음에 기회가 있다면 더 다루도록 하겠다.

② 클립아트보다는 사진이 효과적이다.

그 동안 많은 사람들이 마이크로 소프트사의 파워포인트라는 프로그램을 통해서 영상자료를 만들어왔다. 그러다 보니 쉽게 프로그램에 들어있는 클립아트를 사용해서 자료를 만들고는 했다. 그런데 효과적인 면에서 봤을 때 클립아트는 그다지 효과적이지 않다. 오랜 시간 너무 많은 사람들이 써왔기 때문에 식

상할뿐더러 실감이 나지 않는다. 오른쪽의 클립아트를 보라. 그 동안 수도 없이 봐온 클립아트인데 전문용어로 Screen Beans으로 불리는 콩인간들이다. 이런 클립아트 대강 넣고 그 주변에 글씨를 잔뜩 써놓은 파워포인트 화면은 이제 그만두는 것이 좋다.

그리고 시각자료의 원리 편에서 이야기했듯이 시각자료는 현실을 가르침의 자리로 불러오기 위해서 사용하는 것이다. 그러므로 최대한 현실적이어야 한다. 그렇기에 위와 같은 클립아트보다는 선명한 사진이 훨씬 더 시각적인 효과가 크다. 다음의 두 사진을 보라.

왼쪽의 화면은 우리에게 친숙한 클립아트와 슬라이드 디자인을 통해서 만들어 진 시각자료이고 오른쪽은 실제 사진을 사용한 것이다. 어느 쪽이 눈에 더 들어오는가? 누가 봐도 사람들의 시선과 의식을 끌어당기는 것은 오른쪽이다. 이와 같이 클립아트보다는 사진이 시각자료로 훨씬 효과적이다.

③ 영상이나 실물자료를 사용하라.

두 번째 항목에서 사진이 클립아트보다 더 효과적인 시각자료임을 이야기했다. 그러나 사진보다 더 효과적인 것이 있다면 그것을 사용하는 것이 훨씬 효과적이다. 그렇다면 사진보다 더 효과적인 시각자료가 뭐가 있는가? 바로 동영상자료이다. 동영상은 그 자체가 여러 많은 사진들을 연속으로 보여주는 것이다. 즉 동영상을 보여준다는 것은 끊임없이 변화되는 사진을 사람들에게 보여주는 것과 마찬가지이다. 그러므로 동영상이 사진보다 사람들의 주의를 끌고 유지하는 효과가 훨씬 강하다. 그러므로 사진자료와 영상자료가 있다면 영상자료를 사용하는 것이 좋다. 그리고 영상자료를 사용할 때 외부의 잘 만들어진 영상보다는 교회나 학교 내부에서 제작된 영상이 훨씬 효과가 좋다. 특히 가르치는 사람이 직접 출연하게 될 경우, 메시지 전달의 효과는 더욱 올라가게 된다.

그러나 영상자료라고 만능인 것은 아니다. 주제에 알맞은 영상자료를 찾기도 힘들뿐더러 자료를 수집하고 편집하는데 시간이 많이 걸린다. 그리고 영상자료도 5분 이상 보게 되면 아주 재미있는 영상이 아닌 담에야 청중들의 집중력은 떨어지게 되어 있다. 그러므로 더 좋은 효과를 가져오는 시각자료를 사용하는 것이 좋다. 그것은 다름 아닌 실물이다. 즉 실제 사물이나 물건들을 직접 가져와서 보여주거나 직접 사람들 앞에 시연을 하는 것이다. 사실 실물은 단순히 시각만 자극하는 자료가 아니다. 시각은 물론 청각, 촉각, 때로는 후각까지도 자극할 수 있는 것이 실물이다. 즉 시각을 넘어서 청중들의 오감을 자극하는 경험을 제공한다.

이제 실물자료를 통해 가르침을 전한 사례를 몇 가지 소개하겠다. 특별히 필자의 교회에서 설교를 통해 청중들에게 전달된 내용들이다.

사례 소개 1: 예수 그리스도께서 죽으시고 부활하심을 통해 하나님과 인간 사이에 단절된 틈에 다리를 놓으셨음을 "Bridge" 라는 설교 시리즈로 진행하였다. 이를 위해 시리즈 내내 사용할 다리를 강단에 설치했었다. 이 다리는 설교를 위한 시각자료 이었을 뿐 아니라 설교자가 다리 위에서 움직이며 설교하는 등 메시지를 시각적으로 청중에게 각인시키는데 큰 도움을 주었다. 또한 설교를 마치고는 부모들이 자녀들과 함께 다리를 건너보거나 기념사진을 찍는 등, 메시지를 더욱 의미 있게 자신들의 삶의 기록들로 남겨가는 모습을 볼 수 있었다.

사례 소개 2: 2012년 여름, 성도들이 어떻게 하면 이 하나님이 원하시는 바른 길에서 벗어나지 않고 계속 걸어갈 수 있을까 고민하던 중, 새로운 시리즈를 기획하게 되었다. 즉 도로 양편에 설치되어 있는 가드레일이 자동

차를 보호하듯, 우리의 신앙과 삶을 보호할 수 있는 보호 장치가 필요하다는 것이었다. 이렇게 기획된 시리즈가 "Guardrails" 시리즈였고, 이 시리즈를 위해서도 직접 가드레일이 제작되어 강단에 설치되었다.

사례 소개 3: 작년 부활절 때 시작된 "Doors" 시리즈는 예수 그리스도께서 우리를 생명과 풍성한 축복의 삶으로 인도하는 문이 되신다는 아주 기본적인 영적인 원리를 가지고 시작된 시리즈였다. 이번 시리즈를 위해서도 특별히 문 2개를 주문하여 강단에 설치하였고, 모든 시리즈 말씀에 그 설치된 문들이 시각적으로 큰 효과를 내었다.

④ 스스로가 시각자료가 되라.

몇 년 전 EBS에서 제작된 "아이의 사생활"이라는 다큐멘터리 영상이 화제가 된 적이 있었다. 결국 책으로도 만들어졌는데,

아무튼 그 영상 속에서 아이들을 대상으로 실험한 적이 있었다. 그런데 놀랍게도 그 실험 속의 아이들은 자신들이 영상으로 본 것을 그대로 따라 하는 모습을 보여주었다. 폭력적인 모습을 본 아이들은 폭력적인 행동을 했고, 사랑하는 모습을 본 아이들은 사랑하는 행동을 실제로 했다.

너무나 놀랍지 않은가? 아이들은 자신이 본 것을 그대로 따라하고 있었다. 이게 시각 자료가 중요한 또 한 가지의 이유이다. 우리가 가르치는 대상은 우리가 가르치는 것을 따라하는 것이 아니라 우리가 보여주는 것을 따라하게 되어 있다. 이렇게 보는 것은 중요하다.

사실 우리의 소원이 뭔가? 우리가 가르치는 사람들을 주의 교훈과 훈계로 잘 양육하는 것이다. 잘 교육하는 것이다. 그러면 어떻게 해야 가장 효과적으로 가르칠 수 있는가? 그건 바로 선생된 우리들이 삶으로 보여줘야 한다. 진정한 훈계는 삶과 행동으로 보여주는 모델링이다. 단순히 시각자료 조금 보여줬다고 그것으로 되었다 생각하면 안 된다. 우리의 청중들은 우리가 준비하는 시각 자료에도 영향을 받지만 우리의 모습을 통해 더 큰 영향을 받는다. 백 마디 말로 하는 것보다 한 번 우리의 삶으로 보여주는 것이 훨씬 효과적이다.

그러므로 모든 가르치는 자들은 청중들에게 있어서 그 삶 자체가 탁월한 시각자료가 되어야 한다. 기회가 닿는 대로 최선을 다해 하나님의 말씀을 기준을 가르치고 그 말씀대로 살 수 있도록 철저하게 훈계함은 물론, 우리의 평생의 삶을 통해 그리스도인들은 이렇게 사는 것이다, 그리스도인들은 삶의 위기가 왔을 때 이렇게 이겨내는 것이다, 이렇게 범사에 감사하며 사는 것이다, 이렇게 사랑하며 섬기며 사는 것이다, 그리고 죽을 때가 되면 이렇게 인생을 아름답게 마무리하는 것이다 등 이 모든 것을 우리의 삶으로 분명하게 우리 청중들에게, 학생들에게 보여줘야 하는 것이다.

이솝우화의 속에 나오는 게처럼 자신이 옆으로 걸으면서 우리가 가르치는 사람들이 똑바로 걷기를 기대할 수 는 없는 것이다. 그러므로 설교자들은 궁극적인 시각자료(The Ultimate Visual Aids)가 되어야 한다. 그래서 사도 바울은 다음과 같이 가르친 것이다. "내가 그리스도를 본받는 자 된 것 같이 너희는 나를 본받는 자 되라" (고전 11:1)

짧은 원고를 통해 가르치는 자들이 왜 시각 자료를 사용해야 하고 또 어떻게 사용하는 것이 효과적인지 함께 생각해 보았다. 시각자료는 아직 개발이 덜 된 금광과 같다. 캐는 일은 시간과 노력을 필요로 하지만 일단 시간과 인내를 가지고 캐내게 되면 가르치는 자는 물론 듣는 모든 청중들과 학생들에게 감추인 보화를 찾는 것과 같은 기쁨을 줄 것이다. 바라기는 이 부족한 내용들이 주의 몸된 교회와 다음 세대를 섬기시는 귀한 사역자들과 교사들의 사역에 단 한 가지라도 도움이 되었기를 바라고, 앞으로 다양한 시각 자료를 효과적으로 잘 사용하시는 것은 물론 우리 모두의 삶이 우리가 가르치는 사람들의 눈에 가장 효과적인 시각 자료가 되는 놀라운 축복이 임하길 간절히 소원한다. 그리고 그것이 바로 우리 모든 말씀의 교사들에게 주신 하나님의 거룩한 부르심일 것이다.

Epilogue

교사 세미나를 통해 만난 한 분의 교사가 이런 질문을 한 적이 있다. "테크닉이 뛰어나다고 좋은 교사인가요?" 즉 그 분의 질문은 가르치는 기술만 뛰어나다고 해서 좋은 교사는 아니지 않느냐는 질문이었다. 그렇다. 나도 그 분의 의견에 동의한다. 좋은 교사들은 단순히 테크닉만 뛰어난 것이 아니라 학생들을 향한 사랑이나, 헌신의 마음, 혹은 내용에 정통하고 있느냐 등 여러 다른 요소들도 다 고려해야 할 것이다. 그러나 그럼에도 불구하고 다음 세대를 가르치는 교사들이 이 방법론의 영역에 탁월할 필요가 있다. 왜냐하면 하나님께서 우리들의 탁월함을 요구하시기 때문이다.

역대상 15장 22절을 보면 이러한 말씀이 나온다. "레위 사람의 족장 그나냐는 지휘를 맡았다. 그는 음악에 조예가 깊었으므로 찬양하는 것을 지도하였다"(표준새번역) 또한 출 28:3-5을 보면 "내가 슬기로운 생각으로 가득 채워 준 모든 재주있는 사람을 불러다가, 나를 섬길 아론이 제사장이 되어서 입을 예복을 만들라고 하여라. 그들이 만들어야 할 예복은 이러하니, 곧 가슴받이와 에봇과 겉옷과 줄무늬 속옷과 관과 띠이다. 이렇게 그들은 너의 형 아론과 그의 아들들에게 거룩한 예복을 만들어 주어서, 나를 섬기는 제사장 일을 맡게 하여야 한다. 에봇을 만드는 이들은, 금 실과 청색 실과 자주색 실과 홍색 실과 가늘게 꼰 모시 실을 써서 에봇을 만들어야 한다." (표준새번역) 그리고 잠 22:29은 이렇게 말씀하신다. "네가 자기의 일에 능숙한 사람을 보았느냐 이러한 사람은 왕 앞에 설 것이요 천한 자 앞에 서지 아니하리라"

이 말씀들을 보면 하나님께서는 어떤 일이든 대강 하기를 원하시지 않고, 조예가 있거나 은사를 주신 사람들, 잘 하는 사람들을 세워서 하나님의 일을 하게 하신다. 그러므로 하나님께서 자신의 백성들을 하나님의 말씀으로 양육하기를 원하시는데 대충하기를 원하실까? 옷 만드는데도 솜씨가 공교한 사람들을 세우셨는데, 사람들을 세우는 이 귀한 일을 하는데 대충하기를 원하시겠는가? 아닐 것이다. 가장 능숙하고 탁월한 사람들이 이 일을 하기를 원하실 것이다. 그러므로 우리는 정말 탁월한 교사가 되어야 하고 방법(테크닉)의 문제에 있어서까지 탁월함을 발휘해야 할 것이다.

그러나 현재 우리의 모습이 탁월한 교사와는 너무나 거리가 멀다고 고민할 필요는 없다. 탁월함은 은사나 재능의 문제가 아닌 태도의 문제이다. 우리 삶에 대한 우리의 태도인 것이다. 즉 탁월함이란 단순히 잘 하는 것을 의미하지 않는다. 탁월함이란 끊임없이 더 잘하기를 추구하는 삶의 태도인 것이다. 그러므로 지금 내가 부족하다고 걱정할 필요는 없다. 내일, 다음 주 더 잘 하기를 추구하면 되는 것이다. 그러한 평생의 추구를 통해 하나님께서 정말 우리를 탁월하게 만드시고 탁월한 교사들로 변화시키실 것이다.

오스왈트 챔버스의 유명한 책인 「주님은 나의 최고봉(My Utmost For His Highest)」 이라는 책은 사실 "최고의 하나님을 위한 나의 최선"으로 번역하는 것이 더 자연스럽다. 필자는 이 제목을 들을 때마다 가슴이 뛰는 것을 느낀다. 그렇다. 우리가 대충 살 수 있는가? 대충 가르칠 수 있는가? 그럴 수 없다. 최고의 하나님에게서 최고의 은혜를 받았는데 어떻게 그럴 수 있는가? 그리고 최고의 하나님께서 가장 사랑하시는 최고의 영혼들을 가르치는 이 최고로 귀한 일 감당하는데 그냥 주먹구구로 대충 가르칠 수 없다. 정말 우리의 최선을 다 하는, 탁월한 가르침으로 영혼들을 세워나가고 우리의 탁월하신 하나님께 영광 돌려야 할 것이다.

이 책을 출판하면서 계속 이런 고민을 했다. '왜 시중에 많은 책들이 나와 있는데 나는 그 많은 책들에 또 한 권의 책을 더하려고 하는가?' 솔직하게 이야기하자면 아직도 이 질문에 대한 완전한 답을 찾은 것은 아니다. 그러나 이 책을 정리하면서 가장 중요하게 생각했던 것은 고등교육을 받지 못한 교회학교 교사까지도 쉽게 이해할 수 있는 교육방법론 책을 쓰는 것이었다. 그래서 너무 어려운 교수-학습의 기저이론에 대한 이야기나, 복잡한 교육공학적인 접근은 걸러내고, 대신 어디에서든지 바로 적용되고 사용될 수 있는 실제적이고 쉬운 교육방법론을 쓰리라 생각하였다. 이제 책을 마무리하면서 부족한 졸고의 내용들을 돌아보니 이러한 소기의 목적은 이룬 것이 아닌가 하는 자평을 하지만 여전히 아쉬운 마음이 드는 것이 사실이다. 사실 이 책은 오랜 시간 동안의 치밀한 준비 끝에 나온 책은 아니다. 그렇기에 부족하고 빠진 내용도 많이 있다. 교수매체의 이해와 개발과 같은 분야나 교육에서의 SNS의 적용 등 21세기 기독교교육을 섬길 교사들에게 꼭 필요한 많은 내용들이 누락된 것 같은 아쉬운 마음이 든다. 하지만 이러한 아쉬움들은 시간이 지남에 따라 다른 방법들로 해결해 보려 한다. 개정판이나 또 다른 책을 통해 부족한 내용을 차츰 보완해 갈 것을 약속하는 바이다.

참고문헌

가드너, 하워드. (2007). 다중지능. (문용린, 유경재 역). 서울: 웅진지식하우스.

강용원. (2008). 유능한 교사의 성경교수법. 서울: 생명의양식.

권낙원. (2013). 수업기술: 효과적인 수업기술에 대한 지침서. 서울: 아카데미프레스.

권성호 외 12인. (2015). 소셜 미디어와 교육. 서울: 양서원

김만형 (2008). 21세기를 위한 교회교육 전략 SS 혁신 보고서. 서울: 에듀넥스트.

그레고리, 존 밀톤. (2014). 탁월한 교수법. (이종남 역). 서울: 서우.

다이크, 존. (2003). 가르침은 예술이다. 서울: IVP.

레모브, 더그. (2013). 최고의 교사는 어떻게 가르치는가. (구정화 박새롬 역) 서울: 해냄.

로렌스 O. 리차즈, 게리 J. 브렛펄드 공저. (2010). 창조적 성경교수법. (안영혁, 이순옥 역). 그리심.

박성익 외 3인. (2011), 교육방법의 교육공학적 이해. (4판). 서울: 교육과학사.

박은숙. (2015). 기독교적 교수설계. 서울: 교육과학사

박인기 외. (2013). 스토리텔링과 수업기술. 서울: 사회평론.

백영균 외 8인. (2010). 유비쿼터스 시대의 교육방법 및 교육공학. 서울: 학지사.

백영균 외 6인. (2009). 효과적인 수업을 위한 교수•학습 매체의 제작. 서울: 학지사.

베인, 켄. (2005). 미국 최고의 교수들은 어떻게 가르치는가. (안진환 외 역). 서울: 뜨인돌출판사.

송인규. (2001). 성경 어떻게 적용할 것인가? 서울: 성서유니온선교회.

신재한 외 3인. (2014). 다양성과 차이를 존중하는 다문화 수업 설계의

이론과 실제. 서울: 교육과학사.
양승헌. (2012). 크리스천 티칭. 서울: 디모데.
_____. (2015). 크리스천 스토리텔러. 서울: 디모데.
오미영 & 정인숙. (2005). 커뮤니케이션 핵심이론. 서울: 커뮤니케이션북스.
정주영 외 2인. (2012). 술술 풀리는 PBL과 액션러닝. 서울: 학지사.
주승중 편역. (2004). 영상세대를 향해 이렇게 설교하라. 서울: 예배와 설교 아카데미.
주크, 로이 B. (2000). 예수님의 티칭 스타일. (송원준 역). 서울: 디모데.
코크, 캐시. (2009). 다중지능 교육: 내게는 어떤 재능이 있을까. (김태곤 역). 서울: 생명의말씀사.
코슬린, 스테판 M. (2009). 8가지 심리학 법칙으로 디자인하는 프레젠테이션 슬라이드.
(김경태 역). 서울: 멘토르.
크리취, 마가렛. (2012). 이야기를 통한 기독교교육. (이규민 역). 서울: 한국장로교출판사.
필즈, 덕 & 로빈스, 더피. (2009). 십대의 마음을 꿰뚫는 설교. 서울: 국제제자훈련원.
한정선. (2005). 엑셀런트 티칭. 서울: 랜덤하우스중앙.
함영주. (2012). 심장을 뛰게 하는 가르침의 기술. 서울: 소망플러스.
헨드릭스, 하워드. (2002). 삶을 변화시키는 가르침. (정명신 역). 서울: 생명의말씀사.
Slavin, R. E. (2013). 교육심리학: 이론과 실제. (강갑원 외 역). 서울: 시그마프레스.
Turnbull, J. (2014). 교사를 위한 학습코칭. (이영만 역). 서울: 학지사.
Ambrose, Susan A. 외 4인. (2012). *How learning works: Seven research-based principles for smart teaching*. San Francisco: Jossey-Bass.
Bransford, J.D., Brown, A.L. & Cocking R.R. (2000). *How people learn.*

Washington DC: National Academy Press.

Barell, J. (2007). *Problem-based learning: An inquiry approach*. Thousand Oaks, CA: Corwin Press.

Barrows, H. S. (1998). The essentials of problem-based learning [Electronic version]. *Journal of Dental Education*, 62, 630-633.

Bass, R. V., & Good, J. W. (2004). Educare and Educere: Is a balance possible in the educational system? [Electronic version]. *The Educational Forum*, 68, 161-168.

Biech, Elaine. (2005). *Training for dummies*. Hoboken, NJ: Wiley Publishing, Inc.

Berkun, Scott. (2011). *Confessions of a Public Speaker*. Sebastopol, CA: O'Reilly Media, Inc.

Bligh, Donald A. *What's the Use of Lectures?* San Francisco, CA: Jossey-Bass, 2000.

Brown, P. C. 외 2인. (2014). *Make it stick: The science of successful learning*. Cambridge, MA: Belknap Press.

Burgess, Dave. (2012). *Teach Like a Pirate: Increase Student Engagement, Boost Your Creativity, and Transform Your Life as an Educator*. San Diego, CA: Dave Burgess Consulting, Inc.

Cannell, Linda. *Theological Education Matters: Leadership Education for the Church*. Newberg, IN: EDCOT Press, 2006.

Davis, B. G. (2009). *Tools for teaching* (2nd ed.). San Francisco, CA: Jossey-Bass.

Davies, J. A. (2001). Adult ministry. In Michael J. Anthony (Ed.), *Introducing Christian education: Foundations for the twenty-first century* (pp. 227-236). Grand Rapids, MI: Baker Academic.

Delnay, R. G. (2008). *Teach as He taught: How to apply Jesus' teaching methods*. North Fort Myers, FL: Faithful Life Publishers.

Drake, S. O (2010). *Secrets of the Master Teacher: Unlocking the power &*

potential of the Jesus teaching model. Baltimore, MD: Thousand Hills Publishing.

Duarte, Nancy. (2010). *Resonate: Present Visual Stories that Transform Audiences.* John Wiley and Sons.

Duffy, Thomas D. and Jonassen, David H. "Constructivism: New Implications for Instructional Technology?" *Educational Technology, 39*(1991), 7-12.

Fink, L. D. (2003). *Creating significant learning experiences: An integrated approach to designing college courses.* San Francisco, CA: Jossey-Bass.

Goodnough, Karen "Issues in Modified Problem-based Learning: A Self-study in Pre-service Science Teacher Education." *Canadian Journal of Science, Mathematics and Technology Education, 5*(2005), 289-306.

Group Publishing. (2001). *Faith Metaphors: 50 Interactive Object Lessons for Youth Ministry.* Group Publishing Inc.

Habermas, R. & Issler, K. (1992). T*eaching for reconciliation: Foundations and practice of Christian education ministry.* Grand Rapids, MI: Baker Books.

Hattie, J., & Yates, G. (2014). *Visible learning and the science of how we learn.* New York: Routledge.

Heath, Chip & Heath, Dan. (2007). *Made to Stick: Why Some Ideas Survive and Others Die.* New York: Random House.

Henze, Mark E. "Demystifying "Constructivism" Teasing Unnecessary Baggage from Useful Pedagogy." *Christian Educational Journal, 5*(2008). 87-111.

Joyce, B., Weil, M., & Calhoun, E. (2009). *Models of teaching.* Boston: Allyn & Bacon.

Knight, J. K. & Wood, W. B. (2005). Teaching more by lecturing less [Electronic version]. *Cell Biology Education,* 4, 298-310.

Knight, Jim. (2013). High-impact instruction: A framework for great teaching. Thousand Oaks, CA: Corwin.

__________. (2014). Focus on teaching: Using video for high-impact instruction. Thousand Oaks, CA: Corwin.

Knowles, Malcolm S., Holton III, Elwood F., and Swanson, Richard A. *The Adult Learner: The Definitive Classic in Adult Education and Human Resource Development* (6th ed.). Burlington, MA: Elsevier, 2005.

Kerchevsky, M., Mardell, B., Rivard, M., & Wilson, D. (2013). *Visible Learners: Promoting reggio-inspired appoaches in all schools.* San Francisco: Jossey-Bass.

Lawson, M. (2008). The adult learner. In W. R. Yount (Ed.) *The teaching ministry of the church* (2nd ed., pp. 345-360). Nashville, TN: B&H Academic.

Lefever, Marlene D. (2004). *Creative teaching methods: Be an effective Christian teacher.* Colorado Springs, CO: David C. Cook.

Medina, John. (2009). *Brain Rules: 12 Principles for Surviving and Thriving at Work, Home,* and School. Seattle: Pear Press.

Merrill, David M. (2012). *First principles of instruction.* San Francisco: Pfeiffer.

Nilson, L. B. (2003). *Teaching at its best: A research-based resource for college instructors* (2nd ed.). San Francisco, CA: Anker.

Ritchhart, R., Church, M., & Morrison, K. (2011). *Making thinking visible: How to promote engagement, understanding, and independence for all learners.* San Francisco: Jossey-Bass.

Silberman, Melvin. L. (2014). *Active training: A handbook of techniques, designs, case examples, and tips.* San Francisco: Jossey-Bass/Pfeiffer.

Stanley, Andy. (2006). *Communicating for a change: Seven keys to irresistible communication.* Colorado Springs, CO: Multnomah Books.

Tan, O. (2003). Problem-based learning innovation: Using problems to power learning in the 21st century. Singapore: Thomson Learning.

Tobias, Sigmund & Duffy, T. M. (2009). *Constructivist instruction: Success or failure?* New York: Routledge.

Torp, L. & Sage, S. (2002). Problems as possibilities: Problem-based learning for K-12 education. Alexandria, VA: ASCD.

Pazmino, R (2001). Jesus: The Master Teacher. In M. J. Anthony (Ed.). *Introducing Christian education: Foundations for the twenty-first century* (pp. 111-116). Grand Rapids, MI: Baker Academic.

Pennell, M. & Miles, L. (2009). "It actually made me think": Problem-based learning in the business communications classroom [Electronic version]. *Business Communication Quarterly, 72*, 377-394.

Pike, Robert. W. (2003). *Creative Training Techniques Handbook: Tips, Tactics, and How-To's for Delivering Effective Training.* Amherst, MA: HRD Press Inc.

Reynolds, Garr. (2008). *Presentation Zen: Simple Ideas on Presentation Design and Delivery.* Berkeley, CA: New Riders.

Weimer, Maryellen. (2013). Learner-centered teaching: Five key changes to practice. San Francisco: Jossey-Bass.

Wilkinson, Bruce. (2005). *The Seven Laws of the Learner: How to Teach Almost Anything to Practically Anyone.* Colorado Springs, CO: Multnomah Books.

Yount, William. R. (1999). *Called to Teach.* Nashville, TN: Broadman & Holman..

______________________. (2010). *Created to Learn: A Christian Teacher's Introduction to Educational Psychology* (2nd ed.). Nashville, TN: Broadman & Holman.

변화를 일으키는 기독교육방법론

인 쇄 / 2015년 3월 25일
발 행 / 2015년 3월 31일

지은이 / 이수인
대 표 / 박재인
펴낸곳 / 도서출판 나무미디어
주소 · 경기 성남시 분당구 정자일로30 107-1002
대표전화 · 031-712-9489
출판등록. 제2016-000031호(2010.9.16)
ISBN 978-89-9652-464-9 93330

정가. **13,000원**